KB006534

돈 버는
말투,

돈 버리는
말투

돈 버는 말투,

돈 버리는 말투

가나가와 아키노리 지음 ★ 김지낭 옮김

시그마북스
Sigma Books

돈 버는 말투, 돈 버리는 말투

발행일 2021년 4월 2일 초판 1쇄 발행
지은이 가나가와 아키노리
옮긴이 김지낭
발행인 강학경
발행처 시그마북스
Sigma Books
마케팅 정제용
에디터 최연정, 장민정, 최윤정
디자인 강경희, 김문배

등록번호 제10-965호
주소 서울특별시 영등포구 양평로 22길 21 선유도코오롱디지털타워 A402호
전자우편 sigmabooks@spress.co.kr
홈페이지 http://www.sigmabooks.co.kr
전화 (02) 2062-5288~9
팩시밀리 (02) 323-4197
ISBN 979-11-91307-17-7 (03190)

KASEGU WAJUTSU 「SUGU DEKIRU」 KOTSU
ⓒ Akinori Kanagawa
Korean translation rights arranged with Mikasa-Shobo Publishers Co,, Ltd,, Tokyo
through Japan UNI Agency, Inc,, Tokyo and EntersKorea Co,,Ltd,, Seoul

이 책의 한국어판 저작권은 ㈜엔터스코리아를 통해 저작권자와 독점 계약한 **시그마북스**에 있습니다.
저작권법에 의하여 한국 내에서 보호를 받는 저작물이므로 무단전재와 무단복제를 금합니다.

파본은 구매하신 서점에서 교환해드립니다.

* **시그마북스**는 ㈜**시그마프레스**의 자매회사로 일반 단행본 전문 출판사입니다.
Sigma Books

돈 잘 버는 사람은
양자택일로 말한다

나는 매년 10억 원 이상을 벌어들이고 있다.

보유 자산은 약 30억 원을 돌파했다. 세상의 기준에서 봐도 나는 충분히 '돈 잘 버는 사람'의 축에 든다.

하지만 이것은 결코 우연이 아니다. 내가 잘 버는 이유는 '돈 버는 대화법'을 익힌 결과이다.

돈 잘 버는 사람에게는 '공통된 대화법'이 있다.

말하고 싶게 만드는 대화법,

생각하고 싶게 만드는 대화법,

행동하고 싶게 만드는 대화법,

사고 싶게 만드는 대화법.

돈 잘 버는 사람의 대화법은 사람을 움직이고, 일을 움직이고, 조직을 움직이는 과정에서 돈도 움직인다. 그야말로 '돈이 되는 화술'이다. 설득력은 물론 열의와 신념이 자연스레 녹아 있다. 그런데도 말에서 거만함이 느껴지지 않는다. 돈 버는 대화법에는 상대방이 "No"라고 할 수 없게 만드는 무언가가 있다.

이런 대화법을 따라 하면 그 누구라도 돈 잘 버는 사람이 될 수 있다.

이 책에서 내가 알고 있는 대화의 비결을 모두 소개했다. 나만의 노하우는 물론 지금까지 내가 보고 들었던 대화법 중에서 효과가 입증된 방법만을 모은 것이다.

독자 여러분이 이 책으로 돈 잘 버는 사람의 대화법을 손쉽게 터득하기 바란다.

돈 잘 버는 사람은
선택지를 2가지만 제시한다

돈 버는 대화법의 첫 번째 비결은 '양자택일로 말하라'이다.

이유는 명확하다. 일에서나 인생에서나 중요한 선택은 모두 '두 갈래'로 나뉘기 때문이다.

성공이냐, 실패냐. 이것 외에 제3의 선택지란 존재하지 않는다고 봐야 한다.

그 사실을 항상 기억해야 한다. 제3의 선택지가 없을까 고민하다 보면 마음이 흔들리기 마련이다. 어차피 둘 중 하나를 선택해야 하므로 제3의 선택지를 생각하는 일 자체가 내 시간을 낭비하는 일이다.

2가지 선택지밖에 없다는 자세로 일하면, 말에도 자연스레 설득력이 생기는 법이다. 내 주변의 돈 잘 버는 사람도 모두 마찬가지다. 그들의 말에는 **엄청난 설득력**이 있다.

이기느냐, 지느냐.

하느냐, 안 하느냐.

팔리느냐, 안 팔리느냐.

버느냐, 안 버느냐.

내 경우에는 '버느냐, 안 버느냐'를 '버느냐, 죽느냐' 정도로 중요하게 생각하고 있다.

그러니 양자택일로 생각하고 말하는 것이 돈 버는 지름길이라는 사실을 기억하자.

상대방이 기꺼이 "Yes!"라고 말하게 하는 대화법

대화를 하다가 상대방의 입에서 "No"가 나오지 않게 하려면 어떻게 해야 할까?

이때 양자택일로 생각하는 방식을 응용하면 된다.

'버느냐, 죽느냐'처럼 '극단적인 선택지'가 아니다. '버느냐, 벌어들이느냐' 같이 **어느 쪽을 선택해도 성공**하는 '행복한 선택지'를 제시하는 것이다.

이러한 방법은 실무자인 부하직원이 상사보다 많은 정보를 가지고 있을 때 특히 유용하다.

A와 B라는 2가지 제안 중에 A 안이 작업 효율 측면에서 훨씬 뛰어나다고 가정해보자.

돈 못 버는 사람일수록 별다른 생각 없이 A 안과 B 안을 모두 상사에게 보여준다.

이러한 방법은 현명하지 않은 방법이다. A 안의 효율성과 생산성을 이해하지 못한 상사가 B 안을 선택할 가능성이 분명히 있기 때문이다.

이때 돈 잘 버는 사람은 A 안과 B 안이 아니라, '**A 안과 A′안**'을 **상사에게 제시한다.**

이것이 바로 상대방의 입에서 "No"가 나오지 않게 하는 비결이다.

A′안이란 A 안의 수정판이나 다름없으니 상사가 어느 쪽을 골라도 계획은 성공이다.

'자료를 전자문서로 작성하는가? 종이문서로도 작성하는가?' 라는 문제를 예로 들어 자세히 살펴보자.

다음의 이야기는 내가 회계 컨설팅 그룹인 딜로이트 투쉬 토마츠(Deloitte Touche Tohmatsu Limited)에 재직 중일 때 실제로 경험한 일이다.

당시에는 세무회계 서류가 점차 종이문서에서 전자문서로 바뀌던 추세였다. '자료를 전자문서로 작성하는가? 종이문서로도 작성하는가?'라는 문제를 두고 딜로이트 투쉬 토마츠 사내에서는 의견이 분분했다.

나는 실무자로서 전자문서에 한 표를 던지고 싶었다. 작성, 보관, 검색 측면은 물론, 효율성과 생산성이라는 측면에서 따져보아도 전자문서가 훨씬 편리했기 때문이다.

이런 때야말로 A 안과 B 안이 아니라 A 안과 A'안을 제시해야 하는 것이다.

× "자료는 전자문서로 작성할까요? 종이문서로도 작성할까요?"
○ "자료는 엑셀로 작성할까요? 워드로 작성할까요?"

당시에는 아직 종이로 된 자료를 보는 게 편하다고 생각하는 상사도 많았다. 그런 상사에게 B 안을 보여주면 어떻게 될까? 자신의 의도와는 정반대의 결과를 불러오는 셈이다.

상대방이 저도 모르게 "Yes!" 라고 말하게 되는 이유

극단적인 선택지가 아니라

행복한 선택지를 제시하면
어느 쪽을 골라도 성공이다!

돈 잘 버는 사람은 B 안을 A´안으로 바꾸어서 "No"를 "Yes"로 만든다.

대답을 끌어내는 비결
: 돈 잘 버는 사람은 양자택일로 묻는다

돈 잘 버는 사람에게는 대화법뿐만 아니라 질문법에도 공통점이 있다.

의식하고 있느냐와는 별개로 돈 잘 버는 사람이라면 누구나 양자택일로 말하고 양자택일로 묻는다.

양자택일로 물을 때는 말할 때와 달리 A 안과 A´안이 아니라 'A 안과 B 안'으로 질문해야 한다.

상사에게 다음 예시와 같은 질문을 받았을 때 어느 쪽이 더 대답하기 편하겠는지 생각해보자.

A 상사 "이번 달은 실적이 나쁘군. 무슨 이유라도 있나?"

B 상사 "이번 달은 실적이 나쁘군. 시간이 부족했나? 아니면 거래처

에 무슨 문제라도 있었나?"

대답하기 편한 쪽은 B 상사라고 생각하지 않았는가? 이유는 간단하다. B 상사가 양자택일 질문법을 구사했기 때문이다. 선택지를 제시하면 생각할 필요 없이 대답을 고르기만 하면 되니까 **상대방이 대답하기 편해진다.**

A 상사의 질문 방식도 나쁘지 않지만, 돈 잘 버는 사람은 그렇게 질문하지 않는다. 상대방이 일일이 생각하게 만들게 되므로 효율성과 생산성이 떨어질 뿐이다.

오늘부터 내가 하는 말에
모두가 귀 기울인다

양자택일 질문법의 장점은 또 있다.

"왜?"라는 말로 상대방을 불편하게 하지 않는 점이다.

"왜?"라고 들으면 부정적인 감정이 든다. 마치 추궁당하고 있다는 느낌 때문이다.

앞에 나온 예시에서 B 상사는 "거래처에 무슨 문제라도 있었나?"라고 하면서, 실적이 나빴던 이유를 **거래처 탓으로** 돌렸다. 이렇게 질문한다면 아무도 듣는 이를 추궁한다고 여기지 않을 것이다.

양자택일 질문법의 장점은 또 있다.

대답은 물론, 생각하기도 편해진다는 것이다. 2가지 선택지는 상대방에게 생각의 힌트를 제공한다.

B 상사   "이번 달은 실적이 나쁘군. 시간이 부족했나? 아니면 거래처에 무슨 문제라도 있었나?"

부하직원 C "(골똘히 생각하다가)아무래도 날씨 영향이 컸던 것 같습니다."

어떤가? 돈 잘 버는 사람의 질문법을 적용했더니 부하직원 C도 원인을 진지하게 생각하기 시작했다.

선택지는 **꼭 정답이 아니어도 된다.** 실제로 고객을 방문할 시간이 충분했고 거래처에 아무런 문제가 없더라도 전혀 상관없다. 왜냐하면 상대방이 대답하고 생각하기 편하게 만드는 것이 목적이기 때문이다.

이 밖에도 돈 잘 버는 사람의 대화법에는 다음과 같은 요령이 있다.

- 숫자를 써서 말하라.
- 5W1H를 버리고 2W1H로 말하라.
- 주어를 활용하라.
- 일부러 실패담을 풀어 놓아라.

양자택일 대화법과 마찬가지로 '곧바로 실천'할 수 있고 '결과가 바로' 나타나는 비결이다.

오늘부터 이 중에서 하나만이라도 실천해보자. 효과를 바로 실감할 것이다.

'돈 버는 대화법'이 여러분의 가능성을 꽃피우는 무기가 되기를 진심으로 바란다.

가나가와 아키노리

저 질문하라 | 세심하게 관찰해서 뜻밖의 배려 포인트를 찾아라 | 상대방의 음식 호불호를 넌지시 파악하는 방법

돈 잘 버는 사람은 상대방의 철학에 주목한다 ·········· 81

상대방이 고집하는 것을 찾아내서 칭찬하라 | 칭찬받으면 사양하거나 빼지 말고 기뻐하라 | 자신만의 업무 철학으로 '나'라는 사람을 각인하라 | 자신만의 철학 빨리 깨닫기, 그렇게 어렵지 않다

돈 잘 버는 사람은 열의를 숫자로 나타낸다 ·········· 91

나의 열의를 표현하려면 반드시 숫자를 써라 | "매출을 꼭 올리겠습니다!"가 아니라, "매출을 ○○○만 원 올리겠습니다!" | '이 사람은 꼭 만나야겠다'라고 상대방이 생각하게 하려면? | 자신의 열의를 '20번' 이상은 보여야 길이 열린다

3장 돈 버는 회의, 돈 버리는 회의

돈 잘 버는 사람은 6명 이하로 모인다 ·········· 103

6명 이상이 모이면 말하는 사람과 듣는 사람으로 나뉜다 | 좋은 회식과 좋은 회의에는 공통점이 있다 | 회의와 회식에서 직급 차이는 1단계만 벌려라

돈 잘 버는 사람은 회의 주제를 하나만 정한다 ·········· 111

돈 잘 버는 조직은 정례회의가 적다? | 한 가지 주제에 집중하면 결론이 빨리 나온다 | 회의에 드는 비용을 의식해야 돈 버는 회의가 된다 | 회의의 일정은 1시간이 아닌 30분 단위로 정하라 | 회의를 장식하는 마무리 멘트가 돈 버는 회의를 결정한다

4장 자신을 돋보이게 하는 말투의 비결

돈 잘 버는 사람은 주어를 활용한다 ·········· 125

내가 주인공이 되어서 말해야 나를 인정받을 수 있다 | 대화 속에서 일부러 '나'를 감추어야 할 때가 있다 | '일반론＋주어'만으로 그럴싸한 의견을 만들 수 있다 | 돈 보이고 인정받는 사람은 자신의 시점으로 말한다

돈 잘 버는 사람은 늘어진 분위기의 흐름을 바꾼다 ·········· 135

"여기서부터가 중요합니다"로 사람들의 주의를 끌어라 | 상대방의 관심을 끌어모

5장   업무 성과가 달라지는 잡담의 비밀

1장

돈 잘 버는 사람의
기본 대화법

;

숫자가 나오지 않는
비즈니스 토크는
잡담이나 다름없다.

돈 잘 버는 사람은
숫자를 써서 말한다

정확하고 강하게 전달되는
대화 속 숫자의 힘

숫자는 거짓말하지 않는다.

공인회계사인 나는 '숫자'의 의미와 중요성을 누구보다도 잘
알고 있다.

숫자는 곧 **성과**다.

회계는 숫자가 전부라 해도 과언이 아니다.

흔히 숫자라고 들으면 '영업'이 떠오르지 않는가? 영업은 숫자로 드러나는, 성과 못지않게 결과에 이르기까지의 과정 또한 중요하다. 결과가 좋지 않아도 "아쉽지만 잘했어. 최선을 다했으니까!" 하고 상사가 어깨를 두드려줄 때도 있다. 소위 '**노력상**'을 주는 것이다. 이 노력상은 실적이 부진한 영업 사원의 원동력이기도 하다.

하지만 회계는 숫자가 전부다. 이러한 세계에서 노력상이란 있을 수 없다.

몇 날 며칠 밤을 새운 노력이 숫자 하나에 물거품이 되기도 한다. 회계는 **과정을 평가하지 않기 때문이다.** 숫자는 당연히 정확해야 하니, 누구도 틀린 결과에 "아쉽지만 잘했어"라고 격려하지 않는다. 상사에게 깨지기만 하면 다행이지, 회사가 발칵 뒤집힐 만한 문제로 이어질 때도 있다.

나는 '숫자로 생각하기', '숫자로 말하기'를 습관화하고 있다.

숫자는 거짓말을 하지 않는다. **숫자로 생각하면 틀림이 없고, 숫**

자로 말하면 오해도 생기지 않는다. 즉 숫자로 생각하고 숫자로 말하기만 해도 상대방이 나를 신뢰하게 된다는 뜻이다.

예를 들어 상사에게 갑자기 다음과 같은 질문을 받았다고 한번 상상해보자.

"아 참, A 사 계약 건은 어디까지 진행됐지?"

아무렇지 않은 말투로 넌지시 묻고 있지만, 상사가 정확한 정보를 원한다는 점에 주목해야 한다. 이때 "거의 다 됐습니다", "조금 시간이 걸릴 것 같습니다"라는 대답은 절대 하면 안 된다. 명확한 정보가 들어 있지 않기 때문이다.

상대방이 정확한 정보를 요구할 때야말로 숫자가 강력한 힘을 발휘한다. 간단한 숫자를 써서 이야기하기만 해도 듣는 이가 이해할 확률이 훨씬 높아진다.

× "거의 다 됐습니다."

○ "80% 정도 진행됐습니다."

○ "내일모레 오후 3시까지 보고하겠습니다."

× "조금 시간이 걸릴 것 같습니다."

○ "3일 후에 마무리됩니다."

○ "2가지 확인할 사항이 있어 A 사에 문의 중입니다. 내일 오전 10
시까지 답변을 받기로 했습니다."

바로 이런 식이다.

숫자는 객관적인 정보이므로 누구에게나 상황 공유가 가능하
다. 대화를 할 때 숫자를 써서 말하기만 해도 상사와의 신뢰 관
계가 단단해진다. 덤으로 생각지도 못한 돌발적인 상황도 막을
수 있다.

매출이 2배로 뛰는
마법의 비즈니스 대화법

비즈니스 현장에서 중요한 안건과 숫자는 떼려야 뗄 수 없는 관
계이다. 매출, 원가, 객단가, 고객 수, 계약성사율, 재구매율, 전년
대비, 시간 등 숫자와 관련된 용어가 많다.

그러므로 숫자로 생각하고 숫자로 말했을 때 단번에 설득력이 향상되는 것은 어쩌면 당연한 결과다.

계약성사율이 약 30%인 부서로 예를 들어보자.

계약성사율 30%, 즉 10명의 잠재고객을 방문했을 때 3명에게 판매할 능력이 있는 부서에 소속된 여러분은 다음 회의에서 '매출 2배 달성'이라는 목표를 제안하려고 한다.

이때 여러분이 가장 먼저 해야 할 일은 바로 '숫자로 생각하기'이다.

객단가와 재구매율이 같을 때, 매출을 2배로 올리는 방법은 2가지뿐이다. 첫 번째, 계약성사율이 30%인 상황에서 잠재고객 수를 2배인 20명으로 늘리는 것이다. 그다음 두 번째, 똑같이 10명의 고객을 방문하는 대신 계약성사율을 2배인 60%로 끌어올리는 방법이다.

잠재고객을 2배로 늘리는 일과 계약성사율을 2배로 높이는 일 중 어느 쪽이 쉬울까?

이때는 개인의 능력이 아닌 업종의 특성에 따라 방법을 선택하면 된다.

잠재고객을 2배로 늘리는 쪽을 택한다면, 소비자에게 어떻게 정보를 제공할지에 관한 마케팅 방식을 숫자로 나타낼 필요가 있다. 계약성사율을 2배로 높이는 쪽이 편하다면, 방문 건수나 어떻게 계약으로 이끌 것인가에 관한 영업 방식을 숫자로 나타낼 필요가 있다.

이러한 과정을 거치기만 해도 '매출 2배 달성'이라는 제안이 구체적인 방향성과 실현 가능성을 갖추게 된다.

숫자가 없는 비즈니스 대화는
잡담일 뿐이다

숫자를 써서 말했을 때 얻게 되는 하나의 이점이 또 있다.

목표를 숫자로 나타내면, 그것이 자연스레 **동기부여가 된다**는 점이다.

ㅤ ✕ '매출을 올리자', '잠재고객을 늘리자', '계약성사율을 높이자'

ㅤ ○ '매출 2배 달성!' '목표 잠재고객 20명!' '목표 계약성사율 60%!'

이렇게 바꾸어 말하면 목표가 뚜렷하게 보이기 때문에 '이 목표를 달성해야겠다!', '이 목표는 꼭 달성해야 한다!'라는 의욕과 책임감이 생긴다. 회의에 참석한 이들의 업무 자세가 바뀌면 당연히 목표달성률도 비약적으로 올라간다. 이것이 바로 숫자를 사용한 대화법에 숨은 이점이다.

그렇다면 숫자로 생각하고, 숫자로 말하는 습관은 어떻게 기를 수 있을까?

방법은 의외로 간단하다. 일상 속에서 **마치 게임을 하듯이 숫자를 써서 말하기만 하면 된다.**

✕ "이 상품은 잘 안 팔리네요……."

○ "이 상품은 발매한 지 3주일이 지나도록 300개밖에 안 팔렸네요. 매출을 30% 올려야 손익분기점을 넘기겠습니다."

✕ "내일 계약성사율 향상을 주제로 회의할까요?"

○ "내일 오전 11시부터 30분간 계약성사율을 60%로 올리는 방안을 주제로 회의할까요?"

자, 어떤가? 숫자가 들어갔을 뿐인데 평범한 일상이 비즈니스 현장으로 탈바꿈했다. 이는 곧 숫자가 나오지 않는 비즈니스 토크란 잡담이나 다름없다는 뜻이다.

처음에는 어색할지도 모른다. 하지만 숫자로 말하는 습관을 들이고 나면, '숫자 감각'이 생겨 자연스레 숫자에 강해진다. 더 나아가 비즈니스, 비용, 시간에 대한 감각까지 기를 수 있다.

하루에 $2l$의 물을 마시는 것이 건강에 좋다고 한다. 하지만 매일 실천하기란 쉽지 않은 일이다. 대부분 '물을 많이 마시라는 소리겠거니' 하고 넘기지는 않았는가?

이때 '500ml 페트병×4병'이라고 숫자를 대입하면 **의외로 쉽게 목표를 달성할 수** 있다. 또 '아침에 2병, 회사에서 1병, 집에 돌아와서 1병'이라는 구체적인 해결책도 떠오른다. 나는 이 방법으로 하루에 $2l$씩 물을 마시고 있다. 객관적인 숫자로 생각하면 달성률이 오르게 마련이다.

숫자로 생각하고 숫자로 말하기를 의식하기만 해도, 말의 설득력과 목표 달성력이 자연스레 올라간다. 그러면 주변의 신뢰와 평가도 높아지며 **돈 잘 버는** 사람에 한 발짝 더 다가가게 된다.

돈 잘 버는 사람은
결론부터 말한다

설득력을 높이려면
결론으로 시작해서 결론으로 끝내라

나는 원고를 쓸 때 '서두의 첫 번째 줄'에 특히 신경 쓴다.

여러분이 읽고 있는 이 꼭지의 첫 번째 줄도 고민 끝에 쓴 결과물이다.

첫 번째 줄에 신경 쓰는 이유는 단순하다. 서점에서 책을 펼

쳤을 때, 대부분 페이지 중간이 아니라 서두의 첫 번째 줄부터 읽기 때문이다. 첫 번째 줄이 재미없다면 아무도 두 번째 줄을 읽지 않을 테고 책을 사지도 않을 것이다. 그래서 나는 서두의 첫 번째 줄에 심혈을 기울인다.

첫 번째 줄에서 독자를 사로잡기 위한 나만의 비결이 있다. **첫머리를 '결론'으로 시작하는 것이다.**

비즈니스는 결론이 전부이듯 이 책도 각 장의 첫 번째 줄에 결론을 언급했다. 결론부터 시작해서 독자의 관심을 끌고 다음 문장을 읽도록 유도하여 돈 버는 대화법을 알려주기 위함이다. 이것이 내가 터득한 '돈 버는 문장력'이다.

돈 버는 대화법도 마찬가지다.

돈 잘 버는 사람은 결론부터 이야기한다. 가장 먼저 결론을 공개하여 상대방의 관심을 끌어당긴다. 그런 다음 결론에 대한 이유와 구체적인 사례를 들어 설명한다. 마지막에는 다시 결론으로 끝맺는다.

이 기술을 쓰면 결론은 물론 이야기의 요점이 상대방 기억에 잘 남게 되고 이해도 깊어진다. **결론으로 시작하여 결론으로 끝맺는**

기술은 과하지도 부족하지도 않게, 짧은 시간에 설명할 수 있는 가장 이상적인 대화법이다.

기승전결을 버리고
간결한 '결결결결'로 말하라

돈 못 버는 사람일수록 친절하게 말하려고 한다.

그런 사람일수록 완벽주의자인 경향이 있다. 하지만 이 세상에 완벽한 사람이 있을까? 완벽함을 좇다가는 돈 잘 버는 사람이 될 수 없다. 실제로 행동에 옮기기까지 너무 많은 생각을 하기 때문이다. 그만큼 다른 이들에게 뒤처질 뿐이다.

많은 사람들이 회계법인은 완벽을 추구하리라 생각하겠지만, 사실 그렇지 않다.

하나도 빠짐없이 완벽하게 처리하려면 엄청난 시간이 필요하다. 신중하게 처리할 부분과 신속하게 대처할 부분을 구분하지 않으면 아무리 일해도 끝나지 않고, 일 처리가 느리다는 평가를 받게 된다.

반면에 돈 잘 버는 사람은 모두 다 갖춘 '100점 만점'이 아니라 '합격점'을 노린다.

피트니스 클럽에 등록할지 말지 망설이다 방문했을 때, 다음과 같은 설명을 들었다고 생각해보자.

✕ "저희 피트니스 클럽의 3개월 프로그램에 맞춰 운동하면 이상적인 몸매를 가꿀 수 있답니다. 다이어트 효과는 물론 적당한 근육도 생기고요. 또 이번에 미국과 유럽에서 인기인 최신식 머신을 5대나 도입했습니다. 해외 유명 인사들 사이에서는 이미 유명한데, 국내에서는 흔치 않은 머신이죠. 지금 입회금 50% 할인 행사 중이니까 바로 시작하세요!"

아마 선뜻 등록하려는 마음이 들지 않을 것이다. 이야기가 너무 장황한 데다 핵심이 보이지 않기 때문이다. 이래서는 입회금을 50%나 할인해준다고 해도 매력이 없다. 너무 친절한 설명에 오히려 혼란스러울 뿐이다.

합격점을 노린 대화법이란 기승전결이 아닌 '결론'만 나열하는 방법이다. 이렇게 하면 구구절절 긴 설명보다 훨씬 이해하기 쉽고 간단하다.

○ "저희 피트니스 클럽을 추천하는 이유는 3가지입니다. 첫 번째 여름이 오기 전에 이상적인 몸매를 가꿀 수 있게 도와드리는 3개월 프로그램, 두 번째 최신식 머신 체험, 세 번째 입회금 50% 할인 혜택! 바로 시작하세요!"

이런 권유라면 고민하던 마음이 사라지지 않을까? 돈 잘 버는 사람은 잡다한 정보를 생략하고 간결하게 전달한다.

가장 먼저 전달하고 싶은 내용인 **결론의 개수를 선언해야 한다.**

결론이 3가지 있다고 선언하면, 듣는 이도 그 3가지를 놓치지 않고 듣기 위해 귀를 기울인다. 자세한 설명은 한 번 더 힘 있는 설득이 필요할 때 언급하면 된다.

이것이 바로 확실하게 합격점을 딸 수 있는 대화법이다.

;

너무 많은 정보는
비즈니스 대화에서
독이다.

돈 잘 버는 사람은
2W1H로 말한다

중요한 정보만
쏙쏙 골라서 말하라

2W1H 대화법은 내가 자주 쓰는 방법이다.

5W1H 방식을 사용하면 정보를 빠짐없이 전달할 수 있다. 하지만 돈 버는 대화법과는 거리가 멀다. 왜냐하면 **정보가 너무 많기 때문이다.**

5W1H는 Who(누가), When(언제), Where(어디서), What(무엇을), Why(왜), How(어떻게), 이렇게 총 6가지 요소로 구성된다. 정보를 빠짐없이 전달하기에는 알맞지만, 무엇이 중요한 정보인지 파악하기 어렵다.

돈 잘 버는 사람은 정보를 빠짐없이 전달하려고 생각하지 않는다. 비즈니스에서는 꼭 필요한 정보만 전달하는 편이 효율적이다.

비즈니스에 필요한 정보는 2W1H로도 나타낼 수 있다.

① Why(이유): 왜 그 일을 해야 하는가?
② What(행동): 그 일을 하려면 무엇이 필요한가?
③ How(방법): 그 일을 하려면 어떻게 해야 하는가?

앞에 정리한 것을 놓고 보니 명쾌하지 않은가? 정보량만 비교해도 5W1H의 절반이다.

이유, 행동, 방법, 이 3가지 요소가 비즈니스에 가장 중요한 정보이다.

비즈니스 대화에
3W가 필요 없는 이유

비즈니스에 필요한 정보를 정말 2W1H만으로 나타낼 수 있을까? 한번 생각해보자.

나머지 3W인 Who(사람), When(시간), Where(장소) 역시 중요한 정보이다. 하지만 이런 정보를 비즈니스에서는 굳이 말할 필요가 없다. Who는 '나', When은 '지금', Where는 '여기'인 경우가 대부분이기 때문이다. 이것은 비즈니스 대화의 전제 조건이라고도 할 수 있다.

이러한 전제 조건을 이해하지 못하면, 장황한 이야기를 늘어놓으며 상대방의 귀중한 시간을 빼앗는다. 정작 필요한 2W1H 중 하나를 빠트려서 비즈니스에 전혀 도움이 되지 않는 정보만 전할 때도 있다.

2W1H로 말하는 습관이 몸에 배면 '정보를 버리는 작업'에 익숙해져서 자연스레 업무 처리 속도가 빨라진다.

5W1H에서 과감히 3W를 버리고 2W1H만 사용하자. 2W1H를 의식해서 말하기만 해도 업무 효율성과 생산성이 눈에 띄게

개선된다.

마지막 How가
사람을 움직인다

비즈니스에 필요한 정보는 2W1H, 즉 이유, 행동, 방법이다.

① 왜 그 일을 해야 하는가?

② 그 일을 하려면 무엇이 필요한가?

③ 그 일을 하려면 어떻게 해야 하는가?

3가지 정보 전달이 **사람을 움직이는 기본원칙이다.**

나는 출판 사업에도 몸담고 있다. 출판 사업에 필요한 정보 역시 2W1H로 나타낼 수 있다. 이 책『돈 버는 말투, 돈 버리는 말투』를 예로 생각해보자.

첫 번째 Why(이유), 왜 그 일을 해야 하는가?

⟶ 자신을 브랜드화하기 위해서이다.

책을 즐겨 읽는 사람은 지적 호기심이 강하다. 내 주변에도 그런 이들이 많다. 그들에게 나만의 비즈니스 노하우를 제공하여 자신의 가치를 높이고 싶다.

두 번째 What(행동), 그 일을 하려면 무엇이 필요한가?

⟶ 내가 터득한 대화의 요령을 모두 풀어 놓아야 한다.

책을 즐겨 읽으며 지적 호기심이 강한 사람을 대상으로 지금까지 모아 온 노하우를 남김없이 공개하겠다고 마음먹었다.

마지막 How(방법), 그 일을 하려면 어떻게 해야 하는가?

⟶ 프로젝트팀을 만든다.

이 분야의 전문가인 담당자에게 가지고 있는 노하우를 풀어 놓는다. 돈 버는 대화법에 관한 주제로 담당자가 질문하면 내가 대답하는 방식으로 진행한다. 내용 전개를 구상하고 흥미로운 주제를 끌어내려면 이 방법이 적합하다고 생각했다. 실제로 그 생각이 맞았다.

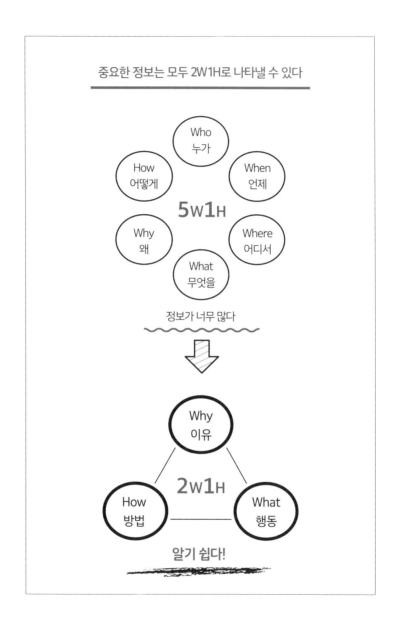

- 돈 잘 버는 사람과 돈 잘 못 버는 사람은 '숫자'를 어떻게 사용하는가?
- 돈 버는 회의와 돈 버리는 회의의 '인원수'는 어떻게 다른가?

생각지도 못했던 주제가 끊임없이 쏟아져 나왔다. 프로젝트팀으로 진행한 것은 탁월한 선택이었다.

업무의 우선순위는
2W1H로 정하라

나는 매년 10억 원 이상을 벌어들이고 있다.

2W1H를 습관화한 결과이다. 2W1H를 의식해서 말하면 상대방은 물론 나 자신도 업무의 우선순위, 지금 해야 할 일, 먼저 시도해야 할 방법을 정확하게 파악할 수 있다.

내가 대학 합격 발표가 있었던 날 밤의 일이다. '1지망 합격'이라는 목표를 달성한 나는 곧바로 인생의 다음 목표를 세웠다. **'부를 축적하자'라는 목표**였다.

처음에는 별생각 없이 2W1H, 즉 이유, 행동, 방법의 순서대로 계획을 세워 보았다. 그러자 놀랍게도 인생의 우선순위, 부를 축적하기 위해 해야 할 일, 먼저 시도해야 할 방법이 선명하게 보이기 시작했다.

첫 번째 Why, 왜 나는 부를 축적하고 싶은가?

먼저 목표를 정한 이유를 생각해보았다. 그러자 인생의 우선순위가 떠올랐다.

경제적인 여유가 있으면 나에게 주어진 **시간과 능력을 마음껏 활용할 수 있다.** "돈 문제로 고민하면서 인생을 허비하지 말아라"는 돈 때문에 고생했던 아버지가 늘 하던 말씀이었다.

사회에 나가 시간과 능력을 유용하게 쓰면 쓸수록 더 큰 부를 쌓게 되고, 그만큼 많은 시간과 능력을 활용할 수 있게 된다. 이 시점에서 '창업'을 인생의 우선순위에 놓았다.

두 번째 What, 부를 축적하기 위해 해야 할 일은 무엇인가?

그런 다음 부를 쌓기 위해 먼저 해야 할 일, 필요한 것이 무엇인지 생각해보았다.

내가 내린 대답은 '대형 회계법인 입사'였다. 당시 일본 신입 사원의 평균 연봉은 약 2,400만 원 정도였다. 대형 회계법인은 그 2.5배인 약 6,000만 원이다. 서른 즈음에는 최저 1억, 마흔이 되면 최저 2억 원까지 연봉이 올라간다. **누구나 부러워할 만한 고수입이 보장된다.** '부'라고 하기에는 부족할지 몰라도 시간과 능력을 활용하기에는 충분하다.

또 대형 회계법인에는 연봉 이상의 매력이 있다. 상장기업부터 스타트업까지 다양한 형태의 기업을 관찰하면서, 비즈니스 모델을 구축하는 방법과 비즈니스 전략을 세우는 요령을 터득할 수 있다는 점이다. **월급도 받고 창업 노하우까지 얻어가니 일거양득이** 아닌가. 그것이 대형 회계법인에 입사해야겠다고 마음먹은 가장 큰 이유였다.

1 더하기 1이 2가 아니라 10이 되는 법

세 번째 How, 부를 쌓기 위해서 나는 어떻게 해야 하는가?

가장 먼저 시도해야 할 방법을 생각했다. 그러자 금방 답이 나왔다. '자격증 학원에 다니는 것'이다.

대형 회계법인에 입사하려면 공인회계사 자격증이 필수이다. 당시 합격자의 평균 연령은 만 27세였지만, 내가 세운 목표를 달성하려면 더 서둘러야 했다. 가능한 한 빨리, 대학을 졸업하기 전에 합격하기로 마음먹었다.

나는 업계 최고의 합격률을 자랑하는 TAC(일본의 유명 자격증 전문 학원-옮긴이)를 선택했다. 우수한 학생들이 모인다는 점에 끌려서였다. 그곳에 가면 나와 비슷한 사람을 만날 수 있으리라 생각했다. 나와 같은 목표, 같은 가치관을 가진 이들과 접촉하면 1+1=2가 아니라 3, 5, 더 나아가 10이 되는 시너지 효과가 생긴다.

실제로 나는 놀라운 속도로 목표를 달성했다.

합격자의 평균 연령보다 빠른 만 23세 때 공인회계사 시험에 합격했고, 졸업 전에 세계 최대 회계컨설팅 그룹인 딜로이트 투쉬 토마츠에 채용되었으며, 그로부터 3년 후에는 독립해서 회사를 차렸다. 주어진 시간과 능력을 마음껏 활용하기 위한 출발점에 선 것이다.

그날 밤 2W1H로 세웠던 계획은 **10억 원 이상의 수입을 벌게 된** **계기**가 되었다.

5W1H로 계획했더라면 인생의 우선순위, 지금 해야 할 일, 먼저 시도해야 할 방법은커녕 인생의 다음 목표마저 보이지 않았을 것이다.

;

비즈니스 대화에서는
고개를 끄덕이게 하는
'근거'가 필요하다.

돈 잘 버는 사람은
설득하지 않고 납득시킨다

상대방을 납득시키려면
내 의견에 근거를 더하라

말의 설득력을 높이려면 어떻게 해야 할까?

　무작정 상대방을 설득하려고 하면 오히려 설득력이 떨어진다.

돈 잘 버는 사람은 상대방을 설득하지 않고 **납득시킨다.**

　설득은 나의 몫이고 납득은 상대방의 몫이다. 인간은 스스로 결정하기를 좋아하므로 설득이 잘 통하지 않는다. 자신을 설득하려는 의도가 보이기 때문이다. 납득해야 비로소 설득의 효과가 있다는 사실을 알기에 돈 잘 버는 사람은 설득하지 않는다. 상대방이 스스로 판단해서 납득하도록 이끈다.

상대방을 납득시키기 위해 꼭 필요한 것이 있다. 그 누구도 부정할 수 없는 '객관적인 근거'이다. 근거가 있어야 상대방도 납득한다.

여기에 3명의 화장품 판매원이 있다. 누구의 말에 가장 설득력이 있다고 생각하는가?

× "제가 자신 있게 추천하는 제품입니다."
× "정말 잘 팔리는 제품입니다."
○ "출시한 지 한 달 만에 1만 병 이상 판매되었습니다. 가장 인기 있는 제품입니다."

문장 앞에 ×와 ○로 표시했듯이 마지막 판매원의 설명이 가장 설득력 있다.

마지막 판매원의 말처럼 객관적인 근거를 덧붙이면 누구나 고개를 끄덕이게 된다.

최고의 설득 재료는?
: 경쟁사의 성공사례

돈 잘 버는 사람은 객관적인 근거를 제시한 뒤에 자신의 의견을 말한다.

이것이 바로 '근거+의견'의 기술이다. 객관적인 근거를 제시하면 어떤 상대라도 납득시킬 수 있다. 비즈니스 현장에서 가장 유용한 설득 재료는 바로 '성공사례'이다. 특히 **경쟁사의 성공사례**에는 강한 설득력이 있다.

상사에게 다음과 같이 광고를 건의했다고 생각해보자.

✕ "잠재고객 증가가 목표니까 페이스북 광고를 해보면 어떨까요?"

이런 제안으로는 어떤 통 큰 상사도 설득할 수 없다. 아무런 근거가 없기 때문이다. 그렇다면 여기에 경쟁사의 성공사례를 한 번 더해보자.

○ "A 사에서 페이스북 광고를 했더니 1년 사이에 잠재고객이 20% 나 증가했다고 합니다. 그러니 이번에는 페이스북 광고를 해보면 어떨까요?"

어떤가? 성공사례를 더했더니 훨씬 설득력이 강해졌다. 처음에는 망설이더라도 A 사의 성공사례를 조사해서 다시 설명하면, 그 어떤 상사도 결국에는 고개를 끄덕일 것이다.

'근거 + 의견'은 비즈니스 현장뿐만 아니라 **일상 속에서도 활용할** 수 있다.

어떤 부부가 저녁 메뉴에 관해 이야기하고 있는 장면을 상상해보자.

아내   "오늘 저녁에 뭐 해 먹을까?"
남편   "고기가 먹고 싶은데."

남편의 답은 설득력도 없고 무성의하다. 하지만 다음과 같이 근거를 덧붙여주기만 해도 확연히 다르다.

아내 "오늘 저녁에 뭐 해 먹을까?"
남편 "어제 비빔밥이었으니까 오늘은 고기 구워 먹자."

아내 "오늘 저녁에 뭐 해 먹을까?"
남편 "내일 발표가 있는데 고기를 먹으면 힘이 날 것 같아."

아무리 사소한 대화라 해도 근거를 들어주면 좋다. 앞의 예시처럼 하면 아내도 남편의 메뉴 제안에 흔쾌히 동의하지 않을까?

말만 하지 말고
상대방에게 직접 보여줘라

상대방에게 직접 보여주는 것도 유용한 방법이다.
"백문이 불여일견"이라는 말도 있듯이 시각적 자극에는 강한 설득력이 있다. 실제로 나 역시 시각적 자극에 강하게 설득당한 경험이 있다.

내가 다니는 치과는 저명한 선생님이 계신 데다 연예인이 많이 다니는 곳으로도 유명했다. 정기검진차 방문한 어느 날 치아미백을 권유받았다.

"사람은 겉모습이 90%라고 해도 과언이 아닙니다. 그중에서도 치아가 포인트죠. 그래서 연예인들도 대부분 미백을 위한 시술을 받는답니다."

그리고는 미백 시술을 받기 전과 후를 비교한 사진과 동영상을 보여주었다. 누런 치아와 새하얀 치아, 치열 교정의 전후를 비교한 사진도 있었다. 누가 봐도 치아가 인상을 좌우한다는 사실을 알 수 있었다.

마지막에는 내 사진으로 미백 시술 전후를 시뮬레이션한 영상을 보여주었다. 다른 사람의 사진과 영상으로 이미 마음이 흔들렸던 나에게, 자신의 얼굴로 직접 비교한 사진은 그야말로 강력한 한방이었다. 치과에서 '비포 앤 애프터(before & after)의 가시화'

라는 설득의 비결을 배운 셈이다.

　딜로이트 투쉬 토마츠에서는 신입 교육 때 1,000만 원짜리 돈다발 10개를 보여주고 만져보게 한다.

　1억이라는 돈을 실제로 보여주는 것이다. 그때 본 1억의 존재감이 지금도 선명하게 떠오른다. 내가 다루는 금액의 크기와 중요성을 실감했다.

　회계감사를 하다 보면 장부상에서 수억, 수십억 원의 금액을 다루기 때문에 돈이 아니라 숫자처럼 느껴진다. 한 자릿수 정도 틀려도 수정하면 된다는 가벼운 생각도 든다. 그렇게 긴장이 풀어지는 것을 방지하고 초심을 잃지 않도록 돈다발을 보여주어서 돈의 무게를 실감하게 하는 것이다. 실제로 돈다발을 보면 숫자를 대하는 자세가 달라진다.

　시각적 자극이 주는 강력한 설득력을 활용한 예이다.

2장

돈 잘 버는 사람이
꼭 하는 말

;

상대방의
이득·배려·철학을
이야기한다.

돈 잘 버는 사람은
상대방의 득과 실에 주목한다

말 한마디의 차이가
신뢰를 낳는다

세상에는 '사람을 움직이는 일'에 능숙한 사람과 그렇지 않은 사람이 있다.

이 차이는 어떻게 발생하는 것일까? 이는 '어떻게 말하는가'에 달려 있다고 해도 과언이 아니다.

다음에 나오는 2명의 상사가 하는 말을 살펴보자. 어느 상사와 함께 일하고 싶다고 생각이 드는가?

　A 상사　"이 회의 자료 서둘러서 30부 복사 좀 부탁해!"
　B 상사　"이 회의 자료 서둘러서 30부 복사 좀 부탁해! 자주 쓰이는 양식이니까 이참에 봐두면 도움이 될 거야!"

어떠한가? 대부분은 'B 상사 밑에서 일하고 싶다'라고 생각하지 않을까?

A 상사와 B 상사의 차이는 "자주 쓰이는 양식이니까 이참에 봐두면 도움이 될 거야!"라는 한마디를 했느냐 하지 않았느냐다. 사람을 움직이는 일에 능숙한 사람과 그렇지 않은 사람의 차이는 단 한마디에서 벌어지는 것이다.

그렇다면 이러한 대수롭지 않은 한마디가 왜 사람을 움직이는 것일까?

바로 듣는 이에게 '도움이 되는 한마디'였기 때문이다.

회의 자료 복사는 따분한 데다 대부분 업무와 직접 관련이 없다. 직원은 잡일을 떠맡았다는 생각에 의욕이 사라질 법도 하다. 이때 B 상사는 도움이 되는 한마디를 덧붙였다. 회의 자료를 복사하면서 얻게 되는 '득'을 일러준 것이다. 단순한 잡일이 아니라 **정보를 얻게 되는 기회**라 여기게 되면 상대방도 절로 움직이고 싶어진다. 또 눈치가 빠른 직원이라면 그 한마디에서 B 상사의 배려를 느낄 것이다.

사람을 움직이는 일에 능숙한 사람에게는 다음과 같은 공통점이 있다.

- '상대방에게 어떤 득이 되는가'를 한마디로 표현한다.
- '상대방에 대한 배려'를 한마디로 표현한다.

즉 상대방이 '손해'라고 느끼는 점을 '이득'으로 바꾸어 말하는 기술, 부정적인 감정을 긍정적인 감정으로 바꾸는 데 능하다.

상대방이 눈치채지 못한
이득을 일러줘라

돈 잘 버는 사람에게는 '손해'를 '이득'으로 바꾸어 말하는 기술이 있다.

그들은 사물을 바라보는 시선을 바꾸어 손해 속에서 이득을 찾아낸다. 그러므로 자신은 물론 상대방에게도 득이 되는 한마디를 건넬 수 있다. 나는 그 사실을 공인회계사 시험에 합격한 직후 직접 경험하면서 깨달았다.

딜로이트 투쉬 토마츠에 입사가 확정된 후 나는 미리 엑셀 사용법을 익혀두고자 참고서를 찾고 있었다. 그때 W라는 선배가 MOS(Microsoft Office Specialist), 마이크로소프트 오피스 프로그램의 활용능력을 측정하는 국제 자격증을 추천했다.

워드, 엑셀, 파워포인트를 비롯한 컴퓨터 활용능력은 업무에 도움이 된다. 하지만 회계사에게 엑셀 이외의 프로그램은 보조적인 기술이라 생각했고, 굳이 필요 없는 자격증 취득에 시간 낭비하고 싶지 않았다. W 선배는 그런 나의 마음을 꿰뚫어 보고 있었다.

"지금 자격증 시험을 준비하기엔 어쩌면 벅찰 거야. 일이랑 병행하면 힘들기도 하겠지. 하지만 나중을 생각했을 때 MOS를 따두면 좋은 점이 3가지나 있어."

선배가 알려준 3가지 장점은 다음과 같았다. 첫 번째, 컴퓨터 활용능력을 높이면 업무 처리 속도가 향상되어 잔업이 줄어들고, 인사고과에서도 높은 평가를 받게 된다는 점이다. 두 번째, 컴퓨터 활용능력은 한 번 익혀두면 평생 써먹을 수 있다는 점이다. 세 번째, 팀 전체의 역량이 올라간다는 점이다. 회계뿐만 아니라 어떤 일을 하든 여러 명이 팀을 이루어 진행할 때가 많다. 그중에 컴퓨터에 능숙한 사람이 있다면 팀 전체의 역량이 올라가며 다른 팀원을 이끌어 줄 수 있다.

마지막으로 W 선배는 이렇게 말했다.

"지금 손해를 감수하면 나중에 이득으로 돌아와."

정말 뜻밖의 조언이었다. 미처 몰랐던 이득을 알게 되면 **긍정적인 감정**이 생긴다.

비록 자격증을 따지는 못했지만, 선배의 조언에 따라 독학으로 MOS의 일반 레벨에 상당하는 기술을 익혔다.

일 잘하는 상사는
부하직원의 '실'을 '득'으로 바꾼다

어느새 시간이 지나 지금은 내가 부하직원의 손해를 이득으로 바꾸어 말해주고 있다.

회의보고서 작성이 그 대표적인 예이다. 회의보고서 작성이란 몹시 귀찮은 일인 데다 아무리 정리를 잘해 놓아도 좋은 평가를 받기 어렵다. 어떻게 해도 좀처럼 의욕이 생기지 않는다. 그런 때일수록 상사는 부하직원에게 이 일에 어떤 득이 있는지 알려주어야 한다.

먼저 회의보고서 작성이 얼마나 귀찮은 일인지 공감하는 이야기로 시작해서 다음과 같이 장점을 말해주면 좋다.

◯ "회의보고서를 작성하면 회의 내용 파악에 도움이 될 거야."

○ "회의보고서를 작성하면 회사의 큰 흐름이 보일 거야."

○ "작성한 보고서를 바탕으로 다음 회의 주제를 정할 수 있을 거야."

○ "회의보고서를 작성하면 다음 회의에서 주도권을 잡는 데 유리할 거야."

앞의 예시처럼 회의보고서를 작성하는 일이 업무 능력 향상의 열쇠라는 사실을 알려주는 것이다.

손해라는 생각이 들면 부정적인 감정이 생긴다. 그 흐름을 긍정적인 방향으로 바꾸어주는 한마디야말로 **사람을 움직이는 비결**이다.

;

배려는 단 한마디를
할 줄 아느냐,
모르느냐의 차이다.

돈 잘 버는 사람은
배려를 한마디로 표현한다

감사 인사에 마음을 전하는
한마디를 더하라

상사나 거래처를 신경 쓰지 않는 사람이 있을까?

돈 잘 버는 사람은 상대방을 배려함은 물론 그 배려를 능숙하게 전달한다.

상사나 거래처로부터 식사를 대접받았을 때 감사 인사는 필수이다. 하지만 감사뿐만 아니라 자신의 세심함을 제대로 전달하는 것이 중요하다.

그렇다면 감사 인사는 언제, 어떻게 상대방에게 전하면 좋다고 할 수 있을까?

식사를 대접받았다면 감사 인사는 **반드시 다음 날 오전 중에 해야 한다.** 바쁜 오전이 지나고 오후가 되면 전날 저녁의 일 따위는 기억 저편으로 밀려나기 때문이다. 오후에 하는 인사는 김빠진 콜라나 다름없다. 자칫하면 상대방이 '대접한 보람이 없는 사람'이라고 생각할지도 모른다.

또 감사를 전하는 타이밍을 놓치면 시간이 지날수록 말하기 어려워지는 법이다. 다음 날 오전에 얼굴을 보는 상대라면 직접, 그렇지 않다면 메일로 인사를 전한다. 다음 날 아침 얼굴을 보면 바로 감사 인사를 하고, 메일이라면 아침에 출근하는 즉시 보낸다.

인사 내용 역시 중요하다.

"잘 먹었습니다. 감사합니다"라는 말뿐이라면 너무 무미건조하고 배려가 느껴지지 않는다. 돈 잘 버는 사람은 **감사 인사에도 반드시 한마디를 더한다.**

- ○ "정말 즐거웠습니다!"
- ○ "덕분에 많이 배웠습니다!"

이와 같은 한마디로 상대방을 생각하는 마음을 나타낼 수 있다. "즐거웠습니다!", "많이 배웠습니다!"라는 말은 상대방의 능력에 감탄했다는 사실을 은근히 드러내주기 때문이다.

어제의 메뉴나 화제에 다음과 같은 2가지 말을 엮어서 사용하면 편리하다.

- ○ "어제 추천해주신 메뉴가 정말 맛있었습니다!"
- ○ "인터넷 광고에 관해 말씀해주신 덕분에 많이 배웠습니다!"

이렇게 기분 좋은 감사 인사를 듣는다면, **상대방도 대접하길 잘했다고 생각**할 것이다.

상대방이 되도록 '다음에는 같이 더 좋은 곳에서 식사를 해볼까?'라고 생각을 하게끔 해야 한다. 그래야 돈 잘 버는 사람이라고 할 수 있다.

당연한 한마디,
배려하는 센스의 차이

감사 인사를 전할 때 말고도 대화에서 배려를 드러내야 할 때는 또 있다.

돈 잘 버는 사람은 어떤 때라도 배려를 언어로 표현한다. 아무리 세심하게 신경 써도 상대방에게 전해지지 않는다면 아무런 의미가 없다.

오늘따라 상사가 몸이 안 좋아 보일 때, '어디 편찮으신가? 얼른 좋아지셔야 할 텐데……' 하고 마음속으로 걱정해도, 이게 상사에게 들릴 리가 없다. 상대방에게 전해지지 않는 배려라면 하지 않는 편이 낫다.

돈 잘 버는 사람은 걱정하는 마음을 간결하고 명료한 한마디로 표현한다.

○ "과장님, 불편하신 데라도 있으신가요? 안색이 좋지 않으시네요."

아주 평범하지만, 마음을 쓰고 있다는 사실을 전하기에는 충분하다.

이런 당연한 한마디를 할 줄 아느냐 할 줄 모르느냐가 상대방과의 관계에서 큰 차이를 낳는다.

상대방의 변화는 놓치지 말고
반드시 칭찬하라

앞에서 말한 당연한 한마디를 전하는 타이밍에도 약간의 요령이 필요하다.

바로 **상대방이 '변화'했을 때이다.** 앞서 본 예시는 안색이 좋지 않은 등 상대방이 부정적인 쪽으로 변한 경우이다.

그 밖에 긍정적인 변화에도 한마디 덧붙이면 좋다.

쉽게 말하면 상대방을 '칭찬'하는 것이다. 칭찬 역시 자신의 세심함을 드러내는 방법이다.

- ○ "안경 바꾸셨네요. 지적인 분위기가 느껴집니다."
- ○ "새 가방이 정장에 잘 어울리네요."

이렇게 상대방의 변화를 한마디로 칭찬하면 된다. 칭찬을 듣고 싫어하는 사람은 아마 없을 것이다.

상대방의 변화는 대화의 물꼬를 트는 데 편리하고 쉬운 주제이다.

알고 있어도 입 밖으로 내지 않으면 대화할 기회를 잃는 것이다. 또한 자칫하면 '나에게 관심이 없는 사람', '주의력이 없는 사람'이라는 평가로 이어지기도 한다. 주변의 변화를 알아차리는 예리한 관찰력이 중요하다.

하지만 칭찬에도 주의가 필요하다.

보통 칭찬이라는 행위는 손윗사람이 손아랫사람에게 하는 경우가 많으므로 무턱대고 칭찬했다가는 오히려 역효과가 날 수 있다. 특히 손윗사람의 인격이나 성품에 관한 칭찬은 'NG'이다. 과장이 상사인 부장이나 경영진에게 인격을 칭찬받으면 기쁘겠지만, 상대가 부하직원이라면 썩 유쾌하지 않을 것이다.

부하직원이 "말씀하시는 것을 들어보니 그릇이 큰 분이라 생각했습니다"라고 상사를 칭찬하면, 건방지다며 도리어 역정을 살 가능성이 있다.

손윗사람을 칭찬할 때는 상대방의 변화를 알아챘다는 사실을 전하고 칭찬의 한마디를 덧붙이면 좋다.

상대방이 말하기 전에 내가 먼저 질문하라

배려가 몸에 밴 사람에게는 공통점이 있다.

'상대방의 입장'에서 생각하고 알아챈 사실을 적절히 말로 표현한다는 점이다. 그 말은 즉 **상대방에게 지금 무엇이 필요할까를 생각한다**는 뜻이기도 하다.

자신이 복합기 임대를 담당하는 영업 사원이 되었다고 한번 상상해보자.

이때는 무엇을 팔아야 하느냐가 아니라, 상대방에게 필요한 것은 무엇인지 생각하는 것이 중요하다.

예를 들면 이런 식이다. 소모품이 슬슬 떨어질 때쯤에 고객이 불편을 겪지 않을까 생각해보는 것이다. 그런 다음 적당한 시기에 "소모품 관리차 방문 드릴까요?"하고 미리 연락을 하는 것이다. 그렇게 한다면 누구나 그 사람을 '일 잘하는 사람'이라고 인정할 것이다.

세심하게 관찰해서
뜻밖의 배려 포인트를 찾아라

직장인이라면 누구나 '상사의 입장'에서 생각하는 습관을 들이는 것이 좋다.

어렵게 생각할 필요 없다. 상사의 입장이 되어서 생각하는데, 그 입장에서 더 편한 것만 살피면 된다. 대표적인 예로 다음과 같은 3가지가 있다.

① 대중교통 시간(약속 시간)

② 오늘의 날씨

③ 음식의 호불호

나 역시 직장인 시절에 전철 시간, 날씨, 음식 호불호만큼은 상사의 입장이 되어서 살피고 말로 표현했다. 덕분에 센스 있다는 칭찬을 자주 받았다.

딜로이트 투쉬 토마츠 재직 당시, 상사와 함께 대중교통으로 외근을 나갈 때가 많았다. 어디나 그렇지만 상사는 대체로 부하 직원보다 바쁜 법이다. 예를 들어 저녁 6시 전까지 회사로 돌아가야 하는 상황이라고 해보자. 그러면 다음과 같이 상사에게 알려주면 좋다.

○ "부장님, 저녁 6시까지 회사로 돌아오려면 5시 20분에 방문처를 나오면 됩니다."

이런 식으로 회사를 나오기 전에 걷는 시간까지 고려하여 상사에게 보고하는 것이다.

물론 스마트폰이 있으니 대중교통 시간표나 소요시간 등은 가면서도 찾아볼 수 있다. 하지만 제시간에 돌아올 수 있을지 걱정하는 상사의 입장을 헤아린다면, 출발하기 전에 알아보고 **가능한 한 빨리 보고하는 행동**이 부하직원이 할 수 있는 배려이다. 실제로 나는 항상 실천했고 상사 역시 기뻐해주었다.

대중교통 시간과 마찬가지로 날씨도 쉽게 알아볼 수 있다. 스마트폰에서 날씨를 검색한 뒤 빨리 보고하면 좋을 만한 사실을 발견했다고 하자. 그때 다음과 같이 말하여 자신의 배려를 나타내보자.

○ "부장님, 저녁에 비가 온다고 하니까 우산 꼭 챙기세요."

내일 날씨를 찾아본 뒤에도 마찬가지다.

○ "부장님, 내일은 춥다고 하니까 따뜻하게 입으세요."

그 말을 듣고 인상을 찌푸리는 사람이 있을까?

상대방의 입장을 헤아리고 적절한 한마디를 건넬 수 있는 사

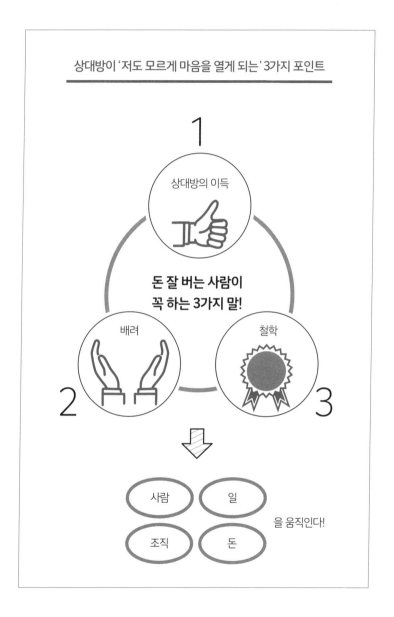

상대방이 '저도 모르게 마음을 열게 되는' 3가지 포인트

1

상대방의 이득

돈 잘 버는 사람이
꼭 하는 3가지 말!

배려

철학

2

3

사람 　 일

을 움직인다!

조직 　 돈

람이야말로 배려를 잘하는 사람이다.

상대방의 음식 호불호를
넌지시 파악하는 방법

회식은 배려가 가장 잘 드러나는 자리이다.

나는 술을 즐기지 않기에 회식 자리에서 어떻게 주변을 배려할 수 있을지 신경을 썼다.

회식뿐만 아니라 점심 메뉴를 정할 때도 **음식 호불호는 상사의 입장이 되어 생각하기 좋은 주제이다.**

딜로이트 투쉬 토마츠에서는 프로젝트별로 팀원을 교체할 때마다 환영회나 송별회를 열었다. 젊은 축에 속했던 나는 회식을 주관하는 역할을 도맡았기 때문에, 새로운 팀원이 들어오면 음식에 호불호가 있는지 미리 질문하곤 했다. 하지만 나이가 젊을수록 성별을 막론하고 음식에 대한 호불호가 그다지 뚜렷하지 않았다.

문제는 나이가 40대 이상인 상사들이었다. 40대가 넘어가면 음식의 호불호가 의외로 확연히 갈라지곤 했다. **나이가 들면서 기호가 뚜렷**해지기도 하고, 건강에 신경 쓰는 사람도 많다. 그렇다고 상사에게 직접적으로 묻는 것도 좋은 방법은 아니다. 회식 장소가 자신의 기호에 맞추어 정해지는 것을 꺼리는 상사도 있기 때문이다.

튀김류를 좋아하지 않는 상사에게 다음과 같이 질문한다면 어떻게 반응할까?

× "부장님, 못 드시는 음식이 있으신가요?"

이런 질문에는 '아무거나 괜찮다'라고 대답하는 상사가 많다. 말은 그렇게 하지만, 회식이 끝난 후에 상사의 자리를 보면 손도 대지 않은 튀김이 그대로 남아 있곤 하다.

이때 질문하는 말을 조금만 바꾸도록 하자. 그러면 상사의 시선이 달라진다.

○ "부장님, 튀김은 피하는 편이 좋으시죠?"

이렇게 묻는다면 상대방이 부담 없이 대답할 수 있다. '매운 음식만 아니면 뭐든 상관없다'와 같은 뜻밖의 정보를 얻을 때도 있다.

여기에서 상사가 '튀김을 좋아하는지 싫어하는지'는 그다지 중요하지 않다. 사실 **답은 어느 쪽이든 상관없다.**

중요한 점은 이 한마디로 자신의 배려를 확실히 어필할 수 있고, 같은 질문을 하더라도 상대방의 반응이 전혀 달라진다는 것이다.

상대방을 배려할 줄 아는 사람은 아부하지 않아도 자연스레 인정받는 법이다.

돈 잘 버는 사람은
상대방의 철학에 주목한다

상대방이 고집하는 것을
찾아내서 칭찬하라

자신만의 '업무 철학'을 누군가가 알아준다면 정말 기분 좋지 않을까?

나만의 철학을 알아준 사람에게 호감이 드는 것은 물론 그 사람의 능력까지 높이 사게 된다.

- 전날 밤 아무리 늦게 자더라도 회사에는 반드시 30분 전에 출근하기.
- 정장 구두는 반드시 영국 브랜드 크로켓앤존스(Crockett & Jones)로 신기.

이 2가지는 딜로이트 투쉬 토마츠 재직 시절에 고수하던 나의 철칙이다.

누구에게나 자신만의 방식과 철학이 하나쯤은 있을 것이다. 하지만 마음속에 감추어두어야 한다고 생각해서인지, 그것을 나서서 표현하는 사람은 드물다. 무언가를 고집하더라도 자기만족인 경우가 많다. 그러므로 누군가가 먼저 알아주면 기분이 좋고, 상대방에게 호감을 느끼게 된다.

나에 대한 좋은 인상을 심어주고 싶을 때, **상대방이 고집하는 게 무엇인지 주목해야 한다.** 자신이 줄곧 지금까지 고집해왔던 방식을 누군가가 칭찬해주는 장면을 상상해보자. 분명 기분이 좋을 것이다. 나 역시 구두를 칭찬해준 거래처 담당자가 무작정 좋아진 경험이 있다.

○ "늘 멋진 구두를 신으시는군요."

거래처 담당자의 말에 나는 깜짝 놀랐다. 상대방의 신발을 눈여겨보는 경우는 드물기 때문이다. 그 말을 듣자마자 나서서 설명하기 시작했다.

"감사합니다! 정장 구두는 크로켓앤존스만 고집하고 있거든요. 디자인이 세련된 데다가 발도 편합니다. 오래 신고 있어도 피곤하지 않아서 추천해드립니다."

내가 좋아하는 것, 자신만의 철학을 누군가에게 이야기하는 일은 정말 즐겁다.

물론 신발을 고집하는 이유가 다른 사람에게 칭찬을 받기 위함은 아니다. 그저 자기만족일 뿐이었지만 칭찬을 받으니 더없이 기뻤다.

사소한 일이지만 **사소한 데에 기쁨을 느끼는 것 또한 인간의 심리**가 아닐까?

그 이후로 나는 그 거래처 담당자를 깊이 신뢰하게 되었다. 상대방의 구두까지 눈여겨보는 관찰력이 있으니 업무 능력은 물론 사람을 꿰뚫어 보는 눈도 있으리라고 말이다.

칭찬받으면
사양하거나 빼지 말고 기뻐하라

자신만의 철학을 알아주면 누구나 기뻐한다.

하지만 철학에는 또 한 가지의 힘이 있다. 나는 거래처 담당자가 구두를 칭찬했을 때 그 사실을 깨달았다.

자신만의 철학을 잘 전달하면 상대방이 변화한다. 그것이 크든 작든 말이다.

내가 구두 브랜드를 고집하는 이유를 듣고 거래처 담당자가 이렇게 말했다.

"나름의 업무 철학이 있는 사람은 구두 선택에도 철학이 있다니 놀랍습니다. 일 잘하는 사람은 역시 구두의 실용성까지 따지는군요. 크로켓앤존스, 저도 신어 보고 싶은데요. 그러면 매장은 어디가 좋은가요?"

대화에서 어떤 흐름이 일어났는지 눈치챘는가? **자신만의 철학은 상대방을 변화시키기도 한다.**

특히 비즈니스 현장에서는 내가 어떤 철학이 있는가, 어떤 면에서 차별화했는가를 상대방이 알아채야만 비로소 의미가 있다. 돈 잘 버는 사람은 이 사실을 잘 알고 있다. 그러므로 자신만의 철학을 이야기할 기회가 있다면 이를 놓치지 말고 적극적으로 활용해야 한다. **비즈니스의 흐름을 나에게 유리한 쪽으로 끌어올 기회이기 때문이다.**

나름의 철학은 자신의 가치를 높이고 흐름을 바꾸는 무기가 될 수 있다.

거래처 담당자의 칭찬에 부끄러워하면서 "별말씀을요"라고만 대답하면 안 된다. 그렇게 하면 아무것도 바뀌지 않고 그와의 신뢰 관계도 깊어지지 않았을 것이다.

돈 잘 버는 사람은 승부를 봐야 하는 순간에, 물러서지 않고 반드시 승부를 짓는다.

자신만의 업무 철학으로
'나'라는 사람을 각인하라

자신만의 철학은 내가 어떤 사람인지 전달하는 데 유용하다.

'자신만의 철학 = 나'라고 소개하면 상대방에게 깊은 인상을 남길 수 있다. 실제로 나도 자주 쓰는 기술이다.

독립 후 나는 전자상거래 업계에도 몸담고 있다. 직원이 여러 명 있는데, 항상 '속도', '양', '질'을 고집한다는 사실을 전한다.

함께 일하는 직원들에게 나는 이런 사람이다.

- 속도를 중시하는 사람
- 양을 고집하는 사람
- 질을 따지는 사람

앞의 3가지는 내가 업무에서 가장 우선시하는 점이다. 그러므로 직원들이 다른 일로 실수하더라도 크게 개의치 않는다. '속도와 양과 질을 고집하는 사람', 업무 철학이 곧 '나'라는 사람이다. 그렇게 하면 직원들도 어떤 점을 중시해야 하는지 파악하기 쉽다.

전자상거래 업계는 경쟁이 치열하다. 그 속에서 살아남기 위해서는 **확고한 철학과 신념이 필요하다.**

첫 번째, **속도**이다. 속도는 전자상거래에서 가장 중시해야 할 점이다.

잘 팔리는 상품에는 다른 회사도 너나없이 달려든다. 여러 곳에서 같은 상품을 팔게 되면 가격 경쟁이 생긴다. 큰 이익을 낳기 위해서는 한발 앞서 상품을 개척해야 한다.

두 번째, **양**이다. 양을 고집하는 이유는 비즈니스를 확대하기 위해서이다.

물량을 많이 확보하면 다양한 판매 채널에 출품할 수 있다. 장단점, 구매자층이 다른 다양한 판매 채널에 대응하기 위한 전략이다.

마지막 세 번째 **질**이다. 전자상거래의 경우에는 품질과 상품 사진을 말한다. 상품 사진은 구매 결정의 중요한 요소이므로 철저히 따진다.

업무 철학으로 나라는 사람을 나타내려면 그에 상응하는 이유가 있어야 한다. 그 이유를 상대방이 납득하면 그만큼 강한 인상을 주게 된다. 나와 일하는 직원들 역시 전자상거래 사업에 관한 내 철학을 깊이 이해하고 있다.

자신만의 철학 빨리 깨닫기,
그렇게 어렵지 않다

누구에게나 자신만의 업무 철학이 있는 법이다.

이렇게 말하면 "나는 딱히 일에 대한 철학이 없는데"라고 말하는 사람이 있다. 하지만 그렇지 않다. 없는 게 아니라 아직 깨닫지 못했을 뿐이다. 실로 안타까운 일이다.

어렵게 생각하지 말고 '어떤 점을 가장 신경 써서 일하는지' 머릿속으로 떠올려보자. 단순하게 생각하면 자신만의 업무 철학을 쉽게 찾을 수 있지 않을까?

또 업무 철학이라고 해서 거창할 필요도 없다. 아까 소개했던 속도, 양, 질이라는 나의 철학도 전자상거래 업계에서 당연시되는 평범한 내용이다.

자신만의 철학은 '당연한 정도'로 충분하다. 나에게 당연한 일이, 타인에게는 당연하지 않기 때문이다.

딜로이트 투쉬 토마츠에 입사했을 무렵 내가 가장 신경 썼던 점은 '철저한 준비'였다. 평범하지만 삼수 끝에 대학에 입학한 경험에서 비롯된 철칙이었다.

나는 신입 연수를 받기에 앞서 연수용 자료를 사전에 꼼꼼히 읽고, 질문표를 만들었다. 철저한 준비를 실천한 것이다. 딜로이트 투쉬 토마츠의 신입사원이라면 뛰어난 인재들만 모였을 테니, 이 정도는 누구나 하는 일이라 생각했다. 하지만 의외로 연수용 자료를 대충 훑어본 사람이 대부분이었다.

연수 담당자는 질문표를 만들어온 나를 칭찬해주었다. 게다가 이 사소한 일을 계기로 동기와 선배들 사이에서 '우수한 신입'이라는 평가를 받았다.

배속이 결정되고 나서도 무슨 일이든 철저한 준비를 게을리하지 않았다. 새로운 프로젝트가 시작되면 신입 연수 때와 마찬가지로 자료를 꼼꼼히 읽고 모르는 점을 정리한 질문표를 만드는 등, 효율적인 방법도 계속 연구했다. 나에게는 당연한 일이었지만 의외로 실천하는 사람은 많지 않았다.

이처럼 자신에게는 당연한 일이 다른 사람의 눈에는 감탄할 만한 업무 철학으로 비칠 수 있다. 또한 나에게 흥미를 갖는 계기가 되기도 한다.

실제로 질문표 작성법을 물어보는 사람도 있었다.

"대강 훑어보면서 잘 이해되지 않는 곳을 질문 형식으로 작성해보았습니다. 그러면 모르는 부분이 따로 정리되고 의문이 해소되기도 합니다."

먼저 나는 어떤 점을 가장 신경 써서 일하는지 자문자답해보자. 이러한 과정을 통해 나온 그 대답이 자신만의 철학이 되고 나의 가치를 높이는 무기가 된다.

돈 잘 버는 사람은
열의를 숫자로 나타낸다

나의 열의를 표현하려면
반드시 숫자를 써라

열의만큼 성과나 평가가 따라주지 않는 사람이 있다. 왜 열의가 있는데 그러할까?

이런 경우 자신의 열의가 주변 사람에게 제대로 전달되었는가를 의심해보아야 한다. 열의가 있다고 해서 반드시 성과나 평가가 자연히 따라오는 게 아니기 때문이다.

나의 열의가 아무리 크다고 해도, 그 열의가 상대방에게 전해져야만 비로소 의미가 있다.

늘 주변에서 인정받는 사람은 열의가 있을 뿐만 아니라, 다른 사람에게 자신의 **열의를 표현하는 일에도 능숙하다.** 자신이 얼마나 노력했는가를 잘 어필한다는 뜻이다. 자연스레 주위에서 노력을 알아봐주고 응원해준다. 응원해주는 사람이 많을수록 돈 잘 버는 사람에 가까워진다.

반대로 아무리 열의가 있어도 열의를 표현하는 일에 서투르다면 무용지물이다. 표현이 없으면 평가도 올라가지 않고 주변의 응원도 받을 수 없다.

잘 생각해보자. 자신은 열심히 한다고 하는데도 왜 알아주지 않는지 답답했던 기억은 없는가?

열의를 전하는데 서툰 사람에게는 공통된 특징이 있다. 주관적인 표현으로 열의를 나타내려고 한다는 점이다. 다음에 나오는 예시를 보자.

✕ "죽을 각오로 하겠습니다!"

✕ "열심히 하겠습니다!"

✕ "최대한 노력하겠습니다!"

어떠한가? 그럴듯하게 보이지만, 앞의 예시처럼 말해서는 전혀 설득력이 없다.

주관적인 표현을 쓰면 열의가 겉돌기만 할 뿐, 좀처럼 와닿지 않는다. 예시에서 보이는 '죽을 각오로, 열심히, 최대한 노력하겠다'는 마음이 진심이라 해도 마찬가지다. 상대방에게는 뻔한 말로 들리기 때문이다.

열의를 표현하는 일에 능숙한 사람은 주관적인 표현을 쓰지 않는다. 숫자를 사용하여 열량으로 나타낸다. 열의를 '가시화'하거나 또는 '수치화'하는 것이다. 숫자는 객관적인 정보이므로 상대방에게 명확히 전달된다.

프로 야구 선수가 이번 시즌의 목표(열의)를 발표하는 장면을 떠올려보자.

타자라면 "이번 시즌 목표는 타율 3할, 30개의 2루타, 30도루", 투수라면 "이번 시즌 목표는 최저 두 자릿수 승수(10승)"라는 식이다. 지난 시즌 성적이 각각 '타율 2할, 10개의 2루타, 10도루, 5승'이었다면 상당한 열의가 있다는 사실을 알 수 있다. 팬에게도 해당 선수의 열의가 전해질 것이다.

"매출을 꼭 올리겠습니다!"가 아니라, "매출을 ○○○만 원 올리겠습니다!"

열의를 수치화하면 전달력이 높아진다.

비즈니스 현장에서도 이것을 응용하면 좋다. 거래처에서 의뢰를 받았을 때 자신의 열의를 수치화해서 보여주는 것이다. 다음 예를 보자.

✗ "맡겨주십시오!"

○ "맡겨주십시오! 3일 후라고요? 그럼 이틀 안에 끝내겠습니다!"

둘 중에 어느 것이 와닿는가? 아랫쪽 예시처럼 말하면 진정성과 열의가 확 와닿는다. 이렇게 하면 다음에 또 의뢰를 받을 가능성도 올라간다. 물론 상대방에게 약속한 대로 이틀 안에 반드시 끝내야 한다.

또 숫자는 나 **자신이 분발하는 원동력**이 되기도 한다. 숫자를 통해 비즈니스의 목표가 가시화되었기 때문에 좋은 의미로 자신을 채찍질할 수 있다.

    ✕ "매출을 꼭 올리겠습니다!"
    ○ "매출 1,000만 원 돌파에 도전하겠습니다!"

구체적인 숫자로 선언하면 목표가 명확해지고 자연스럽게 일에 대한 의욕이 생긴다. 목표를 명확히 설정하면 동료나 상사가 경과를 질문하기도 한다. 그때를 잘 활용하면 적절한 조언을 받을 수 있다.

목표 달성을 위해 노력하는 자신을 주변이 자연스레 응원하게끔 만드는 것이다.

'이 사람은 꼭 만나야겠다'라고
상대방이 생각하게 하려면?

50번 전화하면 길이 열린다.

굉장한 말이지 않은가?

이 말은 나의 지인이자 도쿄 오모테산도에서 사쿠라(SAKURA)라는 미용실을 2년 동안 경영한 다미야 잇세이 씨가 한 말이다. 아마도 50번 전화를 걸 정도의 열의라면 반드시 상대방에게 전해진다는 뜻이라고 생각한다. 실제로 다미야 씨는 어느 대기업에 50번 전화를 걸어 큰 거래를 성사시킨 경험이 있다. 결코 우연이나 행운이 아니었다고 한다. **50번 전화를 걸 정도의 열의는 반드시 전해진다고 확신한 것이다.** 해당 대기업은 가열식 담배 아이코스(IQOS)의 발매처로도 유명한 세계적인 담배 회사 필립 모리스(Philip Morris International Inc.)였다.

일본에 아이코스가 출시된 지 얼마 지나지 않았을 무렵의 일이다. 미용실 사쿠라와 필립 모리스가 협업하여 벚꽃을 뜻하는 점포명 'SAKURA'에서 딴 한정판 로즈핑크 아이코스를 발매했다. 필립 모리스와 미용실의 콜라보레이션은 세계 최초였다고 한다. 일반 판매 전에 사쿠라에서 열린 선행 판매 이벤트는 성황을 이루었다. 50번이나 전화를 건 다미야 씨의 열의가 이루어낸 결과였다.

다미야 씨는 필립 모리스의 일본 지사에 정확히 51번 전화를 걸었다고 한다. 처음에는 전혀 상대해주지 않았지만, 51번째에 결국 벽이 허물어졌다고 한다. 필립 모리스의 간부와 약속을 잡고 면담한 후 일사천리로 협업하는 것이 진행되었다.

열의 넘치는 전화를 51번이나 건다면 어떤 상대라도 진심이 느껴지지 않을까?

"이만큼 열의가 있는 사람이라면 만나서 손해 볼 것이 없겠지"라는 생각이 들게 만드는 것이다.

자신의 열의를 '20번' 이상은 보여야 길이 열린다

열의를 보여주기 위해서라면 50번까지는 아니라도 20번이면 충분하다고 생각한다.

만약 나에게 같은 전화가 온다면 20번이라도 전화를 건 당사자를 만날 테니까 말이다.

열의가 담긴 전화를 20번이나 받으면 **상대방에게 관심이 생길 수밖에 없다**. 이야기의 내용과는 상관없이 도대체 어떤 사람인지 만나고 싶어진다.

실제로 나도 열의에 감동해 만난 사람이 있다.

그 사람은 전화가 아니라 메시지로 20번 정도 연락을 했다. 사업에 관한 고민이 있다고 했다. 상대방의 적극적인 연락에 나도 마음이 움직였다.

그러니 적어도 **20번은 자신의 열의를 보여주어야 한다**. 열의를 상대방에게 전할 수 있느냐 아니냐가 일의 성공을 좌우한다.

게다가 20번 전화하는 일은 그다지 어렵지 않다. 평일에 전화를 건다고 해도 한 달 정도면 충분하다. 전화 한 통에 필요한 시간은 고작 1~2분이니, 다 합해도 총 40분 정도이고 업무에도 전혀 지장이 없다.

앞서 소개한 다미야 씨도 무려 50번이나 전화를 걸었지만, 투자한 시간은 2시간도 채 되지 않는다. 그 정도 짧은 시간을 투

자하여 세계 최초의 콜라보레이션을 성사시킨 셈이니 **얼마나 적**
은 노력으로 큰 성공을 손에 넣었는가가 실감 날 것이다.

한정판 로즈핑크 아이코스는 인기가 여전하여 지금도 옥션
사이트에서 정가 이상의 가격으로 거래되고 있다.

3장

돈 버는 회의,
돈 버리는 회의

;

인원이 많으면 많을수록
회의를 위한 회의,
돈 버리는 회의가 된다.

돈 잘 버는 사람은
6명 이하로 모인다

6명 이상이 모이면
말하는 사람과 듣는 사람으로 나뉜다

회의는 2종류가 있다.

바로 '돈 버는 회의'와 '돈 버리는 회의'이다. 이것을 바꾸어 말하면 '돈을 벌기 위한 회의'와 '회의를 위한 회의', 2종류라고 할 수 있다. 돈 잘 버는 사람은 돈 버는 회의를 하지만, 안타깝게도 대부분 회의는 돈 버리는 회의이다.

NTT데이터 경영연구소에서 직장인을 대상으로 진행한 설문 조사를 읽은 적이 있다. 그중에서 '회의에 관한 문제점'이라는 항목에 다음 3가지 답변이 가장 많았다.

① 불필요한 회의가 많다.
② 회의 시간이 길다.
③ 회의 빈도가 잦다.

수많은 직장인이 불필요하고 오래 걸리며 빈도가 잦은 회의를 문제시하고 있다는 사실을 알 수 있었다.

내가 재직했던 딜로이트 투쉬 토마츠는 의뢰 기업의 규모에 따라 팀 인원수가 달랐다. 예를 들어 연매출 3조 원 이상 규모의 거대 제조 기업이라면 10명 이상이 한 팀이 된다. 반면에 학교 법인과 같이 회계 내용이 비교적 단순한 곳은 2~3명으로 팀을 꾸렸다.

그러므로 회의의 참석 인원도 2~3명부터 10명 이상까지 다양했다. 이렇게 다양한 회의를 경험하면서 인원수가 많을수록 돈 버리는 회의가 된다는 사실을 깨달았다.

회의 자체는 꼭 필요하다. 하지만 회의를 위한 회의, 즉 돈 버리는 회의는 시간 낭비일 뿐이다.

돈 버는 회의에는 몇 가지 특징이 있다.

돈 버는 회의의 첫 번째 특징은 '소인수'이다. 소인수란 '5명 이하'를 뜻한다. '6명 이상의 회의'는 모두 시간 낭비이다. 6명 이상의 회의에서 쓸만한 의견이 오고갈 리 없다. 회의에 6명 이상이 모이면 당사자 의식이 흐려지기 때문이다. 말하는 이와 듣는 이로 나뉘어 **회의라는 탈을 쓴 보고회 또는 강연회**가 되는 경우가 부지기수다.

좀처럼 좋은 의견이 나오지 않으니 회의 시간이 길어지고 빈도도 잦아진다. 이건 그야말로 악순환이다. 회의 참가 인원을 5명 이하로 낮추기만 해도 많은 문제가 개선된다.

좋은 회식과 좋은 회의에는
공통점이 있다

나의 경험에 비추어 보았을 때 돈 버는 회의의 이상적인 인원수는 4명 혹은 5명이다.

회의의 목적은 다양한 의견을 나누어 좋은 아이디어로 승화시키는 데 있다. 자유롭게 토론하는 분위기를 만들기 위해서는 너무 적지도 많지도 않은 4명 혹은 5명이 가장 알맞다. 그 정도가 **한 가지 주제로 열띤 의견 교환이 가능한 적정 인원**이며, 6명은 조금 많다.

회식도 마찬가지다. 회의와 회식 모두 사람과 사람이 의사소통을 나누는 자리이다.

한 가지 주제로 이야기를 나누기에는 4, 5명이 가장 좋다. 2, 3명 정도로 인원수가 적으면 약간 긴장하게 되고, 좀처럼 '뜻밖의 아이디어'가 나오지 않는다.

반대로 6명 이상이 모이면 한 가지 주제로 이야기를 나누기 어렵다. 회의와 마찬가지로 **당사자 의식이 흐려지고 화제가 분산되**

기 때문이다. 나중에는 2명·4명, 3명·3명 같은 식으로 인원이 나뉘게 된다.

결국 10명 이상이 모이면 한 가지 공통 주제로 이야기를 나누는 일 자체가 불가능하다. 10명 이상의 회식은 개인적인 자리보다 업계 모임이나 교류회 등에서 많이 보이는 형태이다.

그러므로 회의와 회식 모두 이상적인 인원수는 같다.

회의와 회식에서
직급 차이는 1단계만 벌려라

회의와 회식은 전혀 다르게 느껴지지만, 의사소통의 자리라는 공통점이 있다.

좋은 회식을 떠올리면 좋은 회의도 마찬가지라는 사실을 알 수 있다.

둘 다 '참석자의 계층'에 큰 차이가 없는 쪽이 대체로 분위기가 좋다.

계층의 대표적인 예로 '**직급 차이**'가 있다. 부장 2명과 입사 2,

3년 차의 사원 3명이 모이면 분위기가 경직되기 마련이다.

겉으로는 즐거워 보여도 말하는 이와 듣는 이가 명확하게 갈라진다. 당연히 부장이 말하고 사원이 듣는다. 사원들은 혹여 말실수라도 할까 두려워 **무난한 발언**만 하게 된다.

딜로이트 투쉬 토마츠에서도 직급 차이가 큰 회의는 분위기가 딱딱했다. 10명 이상 모이는 회의의 경우, 관리직인 시니어 매니저나 매니저부터 나처럼 스태프라고 불리는 사원까지 다양한 직급이 참석했다. 하지만 직급 차이가 너무 크다 보니 입사 1, 2년 차인 사원들은 발언을 꺼렸다.

그러므로 돈 버는 회의를 하려면 참석자들의 **직급 차이를 1단계만 벌려야 한다.**

직급으로 예를 들면 차장과 과장, 나이로 따지면 4, 5살 차이 정도가 좋다. 입사 1, 2년 차인 사원이라도 4, 5살 연상의 선배라면 비교적 편하게 의견을 내놓을 수 있다.

딜로이트 투쉬 토마츠에서도 직급이 가깝거나, 나이 차이가 4, 5살 정도인 사람끼리 모였을 때가 대체로 회의 분위기가 좋았다. 참석자의 계층이 가까우므로 발언의 질을 따지기보다 자유롭게 의견을 나누는 분위기가 형성되었다.

그 과정에서 후배가 엉뚱한 의견을 내놓더라도 상사나 선배는 후배의 생각을 알게 되고, 후배는 잘못된 점을 깨닫는 기회가 된다.

,

지지부진한
기존 회의 시간을 줄이면,
비용을 절약할 수 있다.

돈 잘 버는 사람은
회의 주제를 하나만 정한다

돈 잘 버는 조직은
정례회의가 적다?

'회의는 소인수로'가 돈 버는 회의의 첫 번째 특징이다.

돈 버는 회의에는 또 다른 특징이 있다.

돈 버는 회의는 1시간을 넘기지 않는다. 실제로 나 역시 대부분의 회의를 30분 안에 끝낸다.

장시간의 회의를 시간 낭비라고 생각하는 사람이 많은데도, 왜 개선되지 않을까?

그 이유는 3가지이다. 다음을 보자.

- 회의 시간을 1시간, 2시간이라는 시간 단위로 정한다.
- 명확한 회의 주제가 없다.
- 회의 주제가 2가지 이상이다.

대표적인 예로 '정례회의'가 있다.

매주 혹은 매월, 특별한 목적 없이 정기적으로 여는 정례회의는 주제가 명확하지 않다. 논의 주제가 여기저기로 튀다가 흐지부지 끝난다. 돈 잘 버는 회사는 목적 없이 **무의미한 정례회의를 하지 않는다.**

또 돈 버는 회의를 하려면 **회의 자료가 꼭 필요하다.**

의제와 진행 계획을 뚜렷이 명시한 자료를 사전에 작성하고 참석자에게 미리 나누어준다. 제대로 된 자료가 없다면 회의가 아니라 잡담회나 다름없다.

회의 자료를 꼼꼼히 준비하면 쓸데없는 잡담도 자연스레 줄

어든다. 더불어 회의 시간도 대폭 단축된다.

한 가지 주제에 집중하면
결론이 빨리 나온다

돈 버는 회의는 1시간 내로 끝난다.

회의 시간을 시간 단위로 정하지 않고, 1시간을 계획했더라도, 의제를 검토하고 결론이 나오면 바로 마쳐야 한다. 그러나 돈 못 버는 사람은 결론이 나와도 미적미적 잡담을 계속한다.

돈 버는 회의가 단시간에 끝나는 또 한 가지 이유가 있다.

'**한 회의당 한 가지 주제**'가 철칙이기 때문이다.

한 회의당 한 가지 주제만 의논하면 자연스레 집중력이 올라간다. 그만큼 돈 되는 결론이 나올 가능성도 커진다.

한 번에 몇 가지나 되는 회의 주제를 다루면 집중력이 흐트러진다. 회의 주제를 깊이 있게 논의하려는 분위기가 흐려지고 돈 되는 결론이 나올 가능성도 작아진다. 결론이 좀처럼 나오지 않으니 회의가 길어지는 악순환에 빠진다.

한 회의당 한 가지 주제만 다루면 아무리 길어도 1시간 내로 끝난다. 집중력과 긴장감이 유익한 회의를 만드는 좋은 비결이다. 그러므로 회의 자료에는 반드시 오늘 검토할 한 가지 회의 주제를 명시해두어야 한다.

예를 들어 "다음 회의에서 검토할 안건 A에 관해 아이디어를 내는 회의", "안건 A의 최종 결론을 내는 회의"와 같이 회의의 목적, 즉 '무엇을 위한 회의인가'를 명확히 제시하는 것이다.

회의의 목적이 확실하면 회의 시작과 동시에 안건을 진행할 수 있다.

회의에 드는 비용을 의식해야
돈 버는 회의가 된다

돈 못 버는 사람은 **비용 의식이 낮다.**

비용 의식이 낮으면 회의 시간의 길이를 중요하게 생각하지 않는다.

회의에는 '시간'뿐만 아니라 '돈'이 든다는 사실을 간과하면,

돈 버는 회의에는 '돈 버는 철학'이 있다

돈 버는 회의 5가지 법칙

1. 참가 인원수는 5명 이하
2. 직급 차이는 1단계
3. 1시간 이내로 끝내기
4. 한 회의당 한 가지 주제
5. 사전에 회의 자료 배부

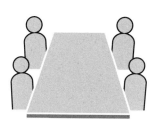

회의 성과를 올리는 비결!

회의 중에 잡담하거나 화제가 엉뚱한 데로 튄다.

회의에 드는 비용을 생각할 때 인건비를 하나의 기준으로 삼으면 알기 쉽다.

직급 차이가 크고 1시간 넘게 하는 회의, 즉 돈 버리는 회의를 예로 들어 생각해보자.

부장 1명, 과장 1명, 대리 2명, 사원 6명, 총 10명이 모여 1시간 동안 회의한다.

연봉 1억 원인 부장은 시급 5만 원, 연봉 7,000만 원인 과장은 시급 3만 5,000원, 연봉 5,000만 원인 대리는 시급 2만 5,000원, 연봉 4,000만 원인 사원은 시급 2만 원이라고 가정해보자. 그러면 한 번의 회의에 드는 비용은 1시간당 '5만 원×1명＋3만 5,000원×1명＋2만 5,000원×2명＋2만 원×6명＝25만 5,000원'이 된다.

그 말은 즉, 이 회의에서 **25만 5,000원 이상의 이익을 내지 않으면 적자**라는 뜻이다.

회의에 드는 비용을 참석자 전원이 의식하는 회의가 돈 버는 회의이다. 회의 시작 전에 진행자가 비용에 관해 언급하는 회사도 있다.

참석자가 시간과 비용을 의식하게 되면 회의 중에 잡담하거나 회의가 엉뚱한 내용으로 흘러가지 않는다.

회의의 일정은 1시간이 아닌 30분 단위로 정하라

1시간짜리 회의가 2시간이 되면, 비용도 당연히 2배가 된다. 앞에서 나온 예시로 보면 25만 5,000원의 2배, 즉 51만 원이 되는 것이다.

회의 횟수 역시 1번에서 2번, 3번으로 늘어나면 그만큼 2배, 3배의 비용이 든다.

시간과 비용에 대한 의식 부족은 회의의 질을 크게 떨어뜨리는 원인이다. 회의를 길게, 많이 하면 할수록 맡은 업무를 할 시간이 줄어들고 회사는 그만큼 손해를 본다.

당연한 말이지만 회의 시간을 반으로 줄이면 비용도 반이 된다.

또 인간의 집중력이 유지되는 30분 정도로 회의 시간을 단축하면 집중해서 생산적인 의논을 나눌 수 있다. 회의 시간을 30분,

즉 지금까지의 반으로 줄인다면 시간과 비용이 반으로 줄고 성과는 배가 된다. 실제로 나 역시 30분 단위로 일정을 짜고 있다. 보통 다음과 같다.

- 10:00~10:30 사무실에서 미팅
- 14:30~15:00 외부 회의실에서 현재 진행 중인 비즈니스 상담
- 16:00~16:30 호텔에서 협력사와 정보 교환

시간과 비용을 모두 고려했을 때 30분이 가장 이상적인 시간이라고 생각한다.

회의를 장식하는 마무리 멘트가
돈 버는 회의를 결정한다

끝이 좋으면 다 좋다.

돈 버는 회의에 딱 맞는 문장이다. 과정이 어찌 되었든 돈 버는 결론이 나오기만 하면 된다.

이때 **결론을 다시 한번 강조하여 공통 인식으로 공유하는 과정이 필요하다.** 결론에 관한 견해 차이를 막기 위해서이다. 모두가 같은 결론을 공유해야만 회의의 끝을 좋게 마무리할 수 있다.

B라는 결론을 내렸을 때, "B 안으로 결정되었습니다"로 끝맺는 게 아니라 전체 요약, 결정 사항의 재확인, 마지막으로 이후에 할 일을 확인해야 한다.

또 회의가 끝난 후 신속히 의사록을 작성하여 참석자 전원에게 배부하고 결론을 공유한다.

결론이 나지 않았더라도 다음과 같이 마무리해서는 안 된다.

   ✕   "그럼 A 안에 대해서 각자 검토해주십시오."

회의는 물론 비즈니스 현장에서 '검토'라는 단어 사용은 금물이다. 이렇게 말하면 아무도 검토하지 않는다. 회의에 들인 시간이 헛수고가 된다.

돈 잘 버는 사람은 **명확한 숫자를 써서 긍정적인 단어로 회의를 마무리한다.**

그 자리에서 결론이 나지 않게 된다면, 마무리를 어떻게 할 것인지 구체적으로 거론하고, 다음에는 결론을 내면 좋겠다는 긍정적인 자세로 회의를 마치는 것이다.

- ○ "오늘 회의를 바탕으로 이틀 후에 결론을 내겠습니다."
- ○ "오늘 하신 질문은 모레 재방문 전까지 답변하겠습니다. 그때 최종 결정을 확인 부탁드립니다."

만약 구체적인 이야기를 하지 않고 '검토'로 회의를 끝내면, 언제까지나 결론이 나지 않는다.

4장

자신을 돋보이게 하는
말투의 비결

;

‘나’라는
주어를 적재적소에
활용할 줄 알아야
내가 돋보인다.

돈 잘 버는 사람은
주어를 활용한다

내가 주인공이 되어서 말해야
나를 인정받을 수 있다

'주어'만 잘 사용해도 인정받는 사람이 될 수 있다.

누구에게나 인정받는 사람, 즉 돈 잘 버는 사람은 대화 속에 '나'라는 주어를 적재적소에 사용해서 자신을 돋보이게 한다. 내가 주인공이라는 생각으로 말하는 것이다.

내가 어느 프로젝트팀의 리더를 맡았다고 상상해보자.

한창 진행 중인 프로젝트에 팀 전체가 매달려 있는데, 진행 상태를 묻는 상사에게 다음과 같이 대답한다면 어떨까?

✕ "지금 팀이 하나가 되어서 일을 진행하고 있습니다. 아직 몇 가지 과제가 남아 있지만, 기일에 맞출 수 있도록 팀워크를 잘 발휘하겠습니다."

언뜻 보면 직장인의 모범 답안처럼 보인다. 하지만 이렇게하면 인정은커녕 돈 잘 버는 사람도 될 수 없다. 프로젝트가 성공하더라도 공은 리더인 내가 아니라 팀 전체에 돌아가기 때문이다. 아마도 상사의 입에서 "다들 고생했어!"라는 말을 듣게 될 것이다.

인정받는 사람은 상사에게 다음과 같이 대답한다.

○ "제가 팀원들을 격려한 보람이 있어 점점 팀이 하나가 되고 있습니다. 아직 몇 가지 과제가 남아 있지만, 팀원들에게 진행 상황을 공유하면서 팀워크를 발휘하고 있습니다. 반드시 기일에 맞추겠습니다."

내용은 거의 같지만 주어가 들어가니 말하는 이가 훨씬 돋보인다. 앞서 소개한 대답과 비교해보아도 상사에게 전혀 다른 인상을 주리라는 점은 명백하다.

대화 속에서 일부러 '나'를 감추어야 할 때가 있다

대화에서 '나'를 너무 많이 쓰면 오히려 불쾌하게 들릴 우려가 있다.

이럴 때 주어를 감추고 말하면 '나'라는 단어를 쓰지 않고도 '주어'를 활용할 수 있다. 인정받는 사람은 이 기술을 잘 활용한다.

앞서 소개했던 대답을 다시 한번 살펴보자.

앞의 대답 속에 '나'라는 단어는 한 번밖에 쓰이지 않았다. 하지만 주어가 감추어진 부분이 두 군데 있으므로, 총 3번 정도 '나'라는 단어를 쓴 셈이다.

주어가 어디에 숨어있는지 보이는가?

바로 다음 두 군데이다.

"팀원들에게 진행 상황을 공유하면서"

"반드시 기일에 맞추겠습니다."

'나'라는 말을 쓰지 않았지만 누가 들어도 주어는 '나'라는 사실을 알 수 있다. 누구에게나 인정받는 사람은 '주어를 감추는 기술'로 자신의 노력을 효과적으로 어필한다.

팀의 리더로서 주어를 잘 사용하면 프로젝트가 성공했을 때 "다들 고생했어!"라며 팀을 칭찬하는 말 대신 "자네, 고생했어!"라는 말을 듣게 될 것이다.

'일반론 + 주어'만으로
그럴싸한 의견을 만들 수 있다

어떤 회사든지 능력과 비교해 평가가 저조한 안타까운 사람이 있다.

애써 낸 성과조차 정당한 평가를 받지 못하는 이유는 간단하다. 자기주장이 서툴러서이다.

그런 이들은 거의 예외 없이 이렇게 생각하고 있다.

"부장님이라면 평가해주실 거야."

"동기인 저 녀석이라면 알아주겠지."

"내가 많이 가르쳐 준 직장 후배이니 보고 있겠지."

비즈니스 현장에서 이런 기대는 보기 좋게 빗나간다. 다 함께 일하는 직장 생활이니 동료의 수고까지 살피는 게 미덕이라고 생각했다면 큰 오산이다. 그런 착각에 빠져 있는 한 결코 돈 잘 버는 사람은 될 수 없다.

모두가 자기 할 일만으로도 벅차서 타인의 성과를 지켜보거나 평가할 여유가 없다. 그래서 자기주장이 필요한 것이다. 스스로 자기주장을 해야 비로소 "저 사람은 능력 있다", "성과를 내는 사람이다"라고 인정받을 수 있다.

상사, 동료, 후배가 알아주리라는 기대가 있으면 말을 빙빙 돌려서 표현하곤 한다. 하지만 그런 말은 듣는 이에게 당사자 의식이 없다는 인상을 주게 된다. 이러한 문제는 팀 단위로 일할 때

특히 두드러진다.

주어는 자기주장의 유용한 도구이다.

이벤트 기획서를 읽은 소감이 어떤지 상사가 물었을 때, 다음과 같이 대답한다면 어떨까?

× "정리는 잘 되어 있지만 이렇다 할 특색이 없네요. 고객 유치에 얼마나 도움이 될지…… 조금 더 다듬는 편이 좋지 않을까요?"

언뜻 듣기로는 상사에게 이야기하기에 그럴싸한 감상이지만, 주어가 빠져서 그런지 주장이나 의견이 빈약하게 느껴진다. 의견은 하나도 없이 그저 일반론을 늘어놓은 것처럼 들리기도 한다. 대답을 들은 상사 역시 그야말로 '이렇다 할 특징이 없는' 발언이라 생각할지도 모른다.

그렇다면 여기에 주어가 들어가면 어떻게 바뀔까?

○ "정리는 잘 되어 있다고 생각합니다. 하지만 저라면 조금 더 특색있는 기획을 할 텐데요. 예상했던 만큼 고객을 유치하기는 어려울듯합니다. 저는 한 번 더 담당자에게 돌려보내서 다듬어야 한다고

생각합니다."

　'나'라는 주어를 넣기만 해도 **일반론의 나열이 아니라 발언자의 의견이 된다.**

　구체적인 개선책을 제시하지는 않았지만 적어도 주장과 의견이 느껴진다. 애초에 상사는 감상을 질문했을 뿐이니까 구체적인 개선책에 관해서는 미리 언급할 필요도 없다.

　또 주어를 쓰면 자연스럽게 힘 있는 어조가 된다. 그렇게 하면 듣는 이에게 '자신의 의견을 명확히 가지고 있는 사람'이라는 인상을 주게 된다.

돋보이고 인정받는 사람은
자신의 시점으로 말한다

돋보이고 싶다면 항상 '자신의 시점'을 의식해야 한다.

　어렵게 들리지만, 방법은 의외로 간단하다.

　매사에 '나는 어떻게 생각하는가?', '나라면 어떻게 말할까?'를 떠올리면 된다. 회의할 때도 다른 사람의 발언을 가만히 듣기만 해서는 안 된다.

    ✕ "그거 괜찮은 생각인데."

    ✕ "그건 아닌 것 같은데."

    〇 "그거 괜찮은 생각인데. 그래도 나라면……."

    〇 "그건 아닌 것 같은데. 나라면……."

이런 식으로 내 생각은 어떤지 자문자답하는 것이다. 그것이 꼭 정답이 아니어도 상관없다. 자신의 시점에서 생각하는 습관은 '누구나 인정하는 의견'의 밑거름이다. 어떤 상황에서도 움츠러들지 않고 자신의 의견과 입장을 표현하는 훈련도 된다.

"제가 다음 주까지 하겠습니다.""저라면 이쪽 안을 추진하겠습니다.""제가 꼭 진행하고 싶은 안건입니다." 이런 식으로 주어를 넣으면 말에 힘이 실리고 설득력도 높아진다.

또 자기주장을 해야 곤란한 부탁도 **한결 수월하게 거절할 수 있게 된다.**

"바쁘겠지만, 다음 주 금요일까지 처리해주겠나?"

"부장님, 죄송합니다. 제가 맡은 안건이 다음 주중까지 걸립니다.

다음 주 수요일쯤부터 시작하면 너무 늦을까요?"

자신의 상황을 확실히 설명해야 부탁한 상사도 수긍한다.

대화에서 주어를 의식하는 것은 인정받는 사람이 되는 가장

손쉬운 방법이다.

;

유리한 대화 흐름을
만드는 방법은
여러 가지다.

돈 잘 버는 사람은
늘어진 분위기의 흐름을 바꾼다

"여기서부터가 중요합니다"로
사람들의 주의를 끌어라

인간의 집중력은 길어야 30분이 한계이다.

더군다나 집중력이 낮은 사람은 20분도 채 버티기 어렵다고 한다. 20~30분이 한계인 것이다.

어떤 회사든 회의나 미팅이 30분을 넘어가면 참석자의 집중력이 떨어지고 늘어지게 마련이다. 분위기가 늘어진 상태에서 '중요한 핵심'이나 '꼭 기억해야 할 사항'은 아무리 이야기해도 귀에 잘 들어오지 않는다.

그럴 때 '상대방의 집중력을 높이는 한마디'를 던지면 분위기가 늘어진 회의나 미팅에 거짓말처럼 긴장이 돌아온다. 회의나 미팅에서 중요한 핵심이나 꼭 기억해야 할 사항을 꺼내기 전에 다음과 같이 말해보자.

○ "여기가 핵심인데……."
○ "여기가 꼭 기억해야 할 사항인데……."

어떤가?

아마도 너무 평범한 기술이라고 생각하는 사람도 있을 것이다. 하지만 실제로 써보면 앞에 나온 것 같은 한마디의 효과를 실감하게 된다.

회의가 점점 길어지는 상황을 상상해보자. 늘어진 분위기 속에서 여러분의 집중력도 슬슬 한계에 다다랐다. 바로 그때 "여기가 핵심인데……"라는 말이 들리면 눈이 번쩍 뜨이고 귀를 기울이게 되지 않을까?

　상대방의 집중력을 높이는 한마디는 많은 사람 앞에서 말할 때도 효과적이다. 단 한마디로 듣는 이의 눈과 귀를 집중시킨다. 강연회가 그 대표적인 예이다. 나 역시 내가 주최하는 강연회에서 상대방의 집중력을 높이는 한마디를 자주 사용한다.

　강연회가 시작된 지 10분 혹은 20분 정도라면, 참석자의 긴장도 풀리지 않았고 집중력도 남아 있는 상태이다. 그러므로 상대방의 집중력을 높이는 한마디는 강연회 초반부보다는 후반부에 접어들 무렵에 사용하는 것이 좋다. 중요한 이야기는 보통 강연회의 후반에 등장하지만, 시간이 지날수록 참석자들은 점점 지치기 시작한다.

　그때 다음과 같은 한마디로 이야기를 시작한다.

　○ "여기서부터가 오늘의 결론입니다만……."
　○ "여기서부터가 가장 재미있는 부분입니다만……."

이때 목소리 톤을 한 단계 올리면 더욱 좋다. 그러면 분위기가 느슨해졌던 그곳에 긴장감이 다시 돌아올 것이다.

상대방의 관심을 끌어모으는 한마디,
"지금부터 메모하세요"

돈 잘 버는 사람은 단 한마디로 상대방의 집중력을 높이는 한편, 관심까지 끌어모은다.

상대방의 집중력을 높이는 한마디보다 강력한, '상대방의 관심을 끌어모으는 한마디'를 던지는 것이다.

상대방의 관심을 끌어모으는 한마디는 특히 듣는 이가 전혀 생각지도 못한 말이었을 때, 듣는 이와 말하는 이의 생각이 전혀 다를 때 효과가 크다. 말하고자 하는 내용에 주의를 기울이게 하여 **상대방이 '간과한 부분'을 강조할 수 있다.**

실적 향상을 주제로 열심히 회의 중인 영업부를 한번 떠올려 보자.

팀원들은 계약성사율을 높이는 방안, 효율적인 고객 유치 방안 등을 중심으로 의견을 나누고 있다.

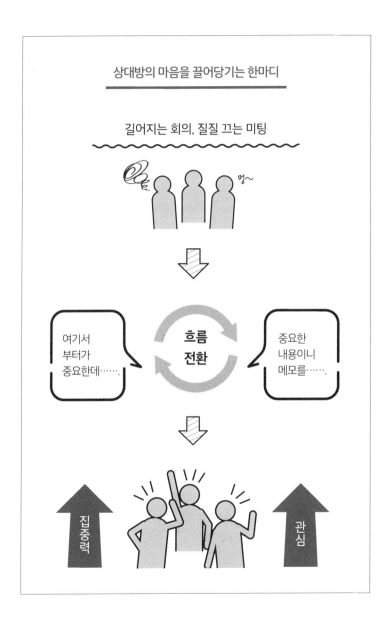

이때, 팀장인 여러분은 계약성사율이나 고객 유치보다 '인재' 를 키워야만 중장기적인 영업 성적 향상이 실현되리라 생각하고 있다.

팀장의 관심사인 영업 기술 향상은 팀원들이 미처 생각지 못한 부분이다. 이러한 점을 깨닫게 하려면 상대방의 집중력을 높이는 한마디로는 부족하다. 다음과 같은 말이 그렇다.

✕ "지금부터가 중요한 이야기입니다."

팀원들은 지금 계약성사율 향상과 고객 유치 방안을 고민하느라 여념이 없다. 갑자기 인재라는 주제로 이야기를 꺼내면 흘려듣거나 핵심을 잘못 이해하게 된다.

그때 상대방의 관심을 끌어모으는 한마디를 던져야 한다.

○ "지금부터 중요한 이야기를 하겠습니다. 메모해주세요."

'메모해주세요'라고 **행동을 촉구**하는 것이다. 그럼으로써 듣는 이의 관심을 끌어모을 수 있다. 또 메모하면서 들으면 흘려듣거나 이야기의 핵심을 잘못 이해할 우려도 없다.

듣는 이에게 메모를 부탁해도 좋지만 말하는 이가 직접 행동으로 보여주는 방법도 있다.

○ "지금부터 하는 이야기는 중요하므로 화이트보드에 적겠습니다."

탁자에 늘어진 회의 자료로 향한 시선을 정면으로 유도하는 것이다.

그리고 화이트보드에 쓴 내용은 메모하거나 스마트폰으로 촬영하도록 부탁한다. 상대방의 관심을 끌고자 한다면 언어뿐만 아니라 행동도 중요하다. **기억과 기록을 동시에 남기는 것이다.** '기록을 남기게 해서 기억하게 만든다'라고도 할 수 있다.

메모하면서 손을 움직이거나 말하는 이의 행동을 보면서 들으면 훨씬 기억에 잘 남는다.

"3일 이내에 실행하세요"로 행동력을 높이고, 자신의 페이스로 끌어들여라

돈 잘 버는 사람은 '상대방의 행동력을 높이는 한마디'를 사용하여 주변 사람을 자신의 페이스에 끌어들이고 주도권을 쥔다.

상대방의 행동력을 높이려면 '시간'을 섞어 말하면 된다. 다음에 나오는 구체적인 예를 살펴보자.

    ✕   "이 안건의 세부 내용을 확인해주세요."

    ○   "이 안건의 세부 내용을 3일 이내에 확인해주세요."

이렇게 말하면 모두 3일 이내에 확인을 끝낼 것이다. 어쩌면 가장 우선순위로 처리할지도 모른다.

비밀은 '3일 이내'에 있다.

'오늘부터', '내일부터'라는 표현은 상대방에게 부담을 줄 우려가 있다. 하지만 '3일 이내'라면 어느 정도 여유가 느껴진다. 나의 경험상 '3일 이내'라고 말했을 때, 정말로 3일 후에 하는 사람은 거의 없었다. 대부분이 오늘 혹은 내일부터 시작했다.

딜로이트 투쉬 토마츠 재직 시절의 상사는 중요한 이야기를 꺼낼 때마다 '오늘'이라는 단어를 사용했다.

    ✕ "도움이 되는 책이니까 꼭 읽어 봐."
    ○ "도움이 되는 책이니까 오늘 퇴근길에 사서 읽어 봐."

'오늘'이라는 말이 나올 때마다 나도 모르게 허리가 펴지고 긴장했던 기억이 난다. 상대방의 주의를 끌면서 숫자로 구체적인 지시를 하는 한 수 위의 대화법이었다.

;

짧고, 외우기 쉽고,
딱 떨어지는 말이
'나'를 각인시킨다.

돈 잘 버는 사람은
강렬한 말로 자신을 각인시킨다

미국 트럼프 대통령의 말이
인상에 강하게 남는 이유

돈 잘 버는 사람은 '뇌리에 박히는 말'을 잘 사용한다.

이렇게 하면 다른 사람과 비슷한 말을 하더라도 **상대방의 인상**에 오래 남는다.

미국 제45대 대통령 도널드 트럼프의 말로 유명한 다음의 두 문장을 살펴보자.

- ○ "아메리카 퍼스트(America First)!"
- ○ "메이크 아메리카 그레이트 어게인(Make America Great Again)!"

영어이긴 하지만 누가 보아도 강력한 말이다.

트럼프 전 대통령은 2018년 기준 약 31억 달러(약 3,460억 원)의 자산을 자랑하는 부동산 재벌이다. 앞의 두 문장은 각각 "미국 우선주의", "미국을 다시 위대하게"라는 뜻이지만, 꼭 미국인이 아니더라도 인상에 남을 만하다. 돈 잘 버는 사람 특유의 힘 있는 말이다.

'미국'에 다른 나라를 대입해봐도 위력은 여전하다.

- ○ "코리아 퍼스트!"
- ○ "메이크 코리아 그레이트 어게인!"

둘 다 짧고 단순한 단어의 나열이다. 짧고 간결하기 때문에 문장에 힘이 느껴진다.

이와 같은 문장 속에는 **사운드 바이트**(sound bite)라는 기술이 숨어 있다.

사운드 바이트란 매스컴이 정치가의 연설이나 스포츠 선수의 인터뷰 등에서 발췌한 짧은 문장을 뜻한다. 주로 텔레비전 뉴스에 인용할 때 사용하는데, 사운드 바이트의 특징은 짧고 알기 쉬운 단어를 반복하는 점이다.

앞서 소개한 트럼프 전 대통령의 말도 짧고 알기 쉬운 단어의 반복이다. 그래서 듣는 이의 기억에 남는 것이다.

뇌리에 박히는 말의
3가지 조건

사운드 바이트를 활용하면 상대방의 기억에 남는 말을 할 수 있다.

사운드 바이트는 꼭 정치나 스포츠 선수의 전유물이 아니다. 뉴스의 소재가 되는 유명인의 말 중에서 뇌리에 박힐 만한 부분을 매스컴이 발췌하는데, 그 작업을 스스로 한다고 생각하면 된다.

방법은 간단하다. 다음 3가지 조건 중에서 2가지 이상을 충족하는 단어를 골라 조합하면 끝이다.

① 짧은 말
② 외우기 쉬운 말
③ 딱 떨어지는 말

쉽고 누구나 따라 할 수 있으며 자주 쓰이는 말이 좋다.

앞에 나온 트럼프 대통령의 "아메리카 퍼스트!"나 "메이크 아메리카 그레이트 어게인!" 역시 짧고 외우기 쉬우며 딱 떨어지는 단어의 조합이다.

영업 상담에서 자주 쓰이는 말 중에 사운드 바이트의 조건을 충족하는 대표적인 예가 있다.

○ "절대 손해 보지 않습니다!"
○ "지금이 마지막 기회입니다!"

이처럼 평소 업무에 쓰는 말 중에서 짧고 외우기 쉬우며 딱 떨어지는 말이 있는지 찾아서 활용해보자. 다음은 최근 몇 년 사이에 내가 사운드 바이트를 활용한 예이다. 부끄럽지만 한번 소개해보겠다.

○ "알리는 일은 기쁨이다!"

'알리는 일'은 비즈니스의 기본이자 정보를 전달하는 일이다. 내가 전달한 정보가 동료나 고객의 성과 향상에 도움이 될 때, 정말 기쁘다. 그뿐만이 아니라 나에게 정보를 받은 이들로부터 새로운 정보가 다시 흘러들어온다. 알리는 일이 돌고 돌아 기쁨을 낳는 흐름을 나타낸 말이다.

인생을 바꾸는 사운드 바이트, 단 한마디 말의 비밀

사운드 바이트에는 '인생을 바꾸는 힘'이 있다.

나 역시 단 한 번의 사운드 바이트로 인생이 바뀐 경험이 있다.

고등학교 3학년 때의 일이다. 졸업을 앞둔 나는 대학 입시에 실패했다. 보험 삼아서 응시한 대학은 합격했지만 1지망이었던 대학은 불합격이었다. 정말 실망이 컸지만, 재수하려는 생각은 아예 하지 않았다.

그때 할아버지의 한마디가 나의 인생을 바꾸었다.

○ "공격이 최선의 수비다."

그 말을 들은 나는, "여기서 타협하면 평생 수비만 하며 살게 된다. 다시 1지망 대학에 도전해보자"라고 재수를 결심했다.

지금 떠올려보면 당시의 나에게는 지킬 것이 없었다. 그럴 때야말로 대담하게 공격해야 한다는 사실을 할아버지가 깨우쳐 주셨다고 생각한다. 덧붙이자면 나의 할아버지는 여든이 된 지금도 어부이자 투자가로 활약하고 있다.

짧은 문장, 사운드 바이트에는 주변 사람을 긍정적으로 만드는 효과도 있다.

분위기를 단번에 바꾸는
의성어·의태어의 힘을 이용하라

돈 잘 버는 사람은 '의성어', '의태어'를 잘 쓴다.

의성어, 의태어란 '딸랑딸랑', '푹신푹신'처럼 소리나 움직임을 나타내는 단어이다.

말에 생동감을 불어 넣는 의성어, 의태어를 활용하면 듣는 이의 귀를 사로잡을 수 있다.

일본 프로 야구를 대표하는 명장 나가시마 시게오(長嶋茂雄)는 현역 시절과 감독 시절을 통틀어 유명한 일화를 많이 남겼다. 그중에 의성어, 의태어를 써서 타격 지도를 했다는 일화가 있다.

○ "꾸-욱 참고 기다렸다가!"
○ "파-앙 쳐내는 거야!"

야구 선수가 아닌 이상 이해하기 힘든 말이지만, 이 지도법 덕분에 메이저리거로 대활약한 마쓰이 히데키(松井秀喜)가 배팅에

눈을 떴다고 한다.

다이어트 책에 의태어를 쓰면 다이어트 효과에 대한 설득력
이 높아진다.

    ✕ "지방이 빠진다!"

    ○ "지방이 쑥 빠진다!"

영어 회화 교실의 광고 역시 의태어를 쓰면 학습 효과가 더
크게 느껴진다.

    ✕ "영어 회화 실력이 늘어난다."

    ○ "영어 회화 실력이 쭉쭉 늘어난다."

    ○ "입에서 술술 영어가 나온다."

직장에서도 마찬가지다. 아침 인사에 의태어를 쓰기만 해도
의욕이 올라간다.

    ✕ "오늘도 힘내자!"

○ "오늘도 으쌰으쌰 해보자!"

이렇게 인사하면 신기하게도 사기가 올라간다.

재촉할 때도 단순히 '빨리하자'라고 하기보다는 '후딱후딱 처리하자'라고 하는 편이 리듬감이 있다. 나도 '으쌰으쌰', '쭉쭉', '척척'이라는 의태어를 입버릇처럼 사용한다.

○ "오후 업무도 척척 해내자!"

점심시간이 끝났을 때 이렇게 한마디를 하면 사무실 분위기도 좋아지고, 나 역시도 업무에 돌입할 자세가 된다.

,

자기소개란
'존재 이유'를 표명하는
중요한 자리다.

돈 잘 버는 사람은
자기소개를 2가지로 준비한다

회의에서는 1분 자기소개,
모임에서는 2분 자기소개

'첫인상의 90%는 목소리'라고 나는 생각한다.

　'사람은 겉모습이 90%'라는 말이 있다.

　물론 옷차림, 외모, 소지품 등을 보면 상대방이 어떤 사람인지 대강 유추하는 것이 가능하다. 하지만 나의 경험상 비즈니스에서 겉모습 이상으로 중요한 것은 처음 입 밖에 내는 목소리, 즉 자기소개와 인사다.

인사를 나누었을 때 상대방에게 '같이 일하고 싶은 사람'이라는 인상을 남기면 자연스레 돈 버는 길이 열린다. 그만큼 자기소개와 인사가 중요한데도 깊이 생각하지 않고 건성으로 하는 사람이 의외로 많다.

나는 첫인사를 어떻게 할지 늘 고민한다. 상황을 고려해 단어도 신중하게 고른다.

먼저 자기소개를 하는 방법을 소개한다.

나는 '1분 자기소개'와 '2분 자기소개', 이렇게 2가지 자기소개를 준비한다. 둘 중에 어느 쪽을 고를지는 그때그때 상황에 따라 판단하고 있다.

회사 안이나 밖에서 하는 회의처럼 자기소개할 시간이 짧을 때는 1분 자기소개를 한다. 반대로 회사 밖의 모임일 때는 시간에 여유가 있으므로 2분 자기소개를 한다.

쉽게 말하면 비즈니스 성향이 강한 자리에서는 1분 자기소개를, 조금 편안한 자리에서는 2분 자기소개를 한다고 생각하면 된다.

회의를 할 때는 내가
자신 있는 분야를 소개하라

돈 잘 버는 사람이 자기소개를 2가지 준비하는 데에는 명확한 이유가 있다.

사내외의 회의와 회사 밖의 모임은 분위기가 전혀 다르기 때문이다.

돈 잘 버는 사람은 한 가지 자기소개만 돌려쓰지 않는다.

그렇다면 1분 자기소개와 2분 자기소개는 도대체 어떻게 다른 것일까?

1분 자기소개에는 '자신 있는 분야'를 반드시 언급한다. 자신이 어떤 사람인지 회의 참석자에게 기억에 남는 인상을 남기기 위해서이다.

이름, 회사명(부서명), 담당, 경력을 언급한 뒤 마지막에 "잘 부탁드립니다!"로 끝내는 자기소개는 금물이다. 참석자가 모두 자기소개를 하는 경우, 기억에 남지 않기 때문이다.

자기소개란 자신의 '존재 이유'를 표명하는 자리이다. 존재 이유란 자신이 잘하는 분야, 자신 있는 분야나 다름없다.

딜로이트 투쉬 토마츠 재직 시절, 사내외의 회의에서 나는 다음과 같이 자신 있는 분야를 어필했다.

○ "현금성 자산과 차입금 파악이라면 자신 있습니다. 부정을 간파하는 일은 저에게 맡겨주십시오."

'현금성 자산과 차입금 파악에 자신 있고', '부정을 간파할 수 있다'라고 소개하면서 자신만의 업무 철학을 드러냈다. 개성 있는 업무 철학으로 자신을 소개하면 재치있다는 인상을 남길 수 있고 회의 분위기도 좋아진다.

자기소개에 일하는 방식이나 업무 철학을 섞어 소개하면 능력 있는 사람으로 어필할 수 있다. 뿐만 아니라 청중에게 '재미있는 사람'으로 기억될 것이다.

△ "현금성 자산과 차입금 파악이라면 자신 있습니다."

앞의 문장처럼 이렇게 소개하는 것도 나쁘지 않다. 하지만 앞서 살펴본 자기소개와 비교하면 어딘지 부족하고 밋밋하다.

자신만의 일하는 방식, 업무 철학을 소개하여 자신의 존재 이유를 어필해보자.

모임에서의 자기소개는
'자신 있는 분야＋자신만의 매력'으로!

회사 밖의 모임처럼 시간에 여유가 있을 때는 2분 자기소개를 한다.

2분 자기소개에서는 자신 있는 분야와 **'자신의 장점'**을 반드시 언급한다. 다만 자신 있는 분야와 자신의 장점을 잘 구분해야 한다. 자기소개가 서투른 사람은 이 2가지를 마구잡이로 섞어서 이야기한다.

그렇다면 자신 있는 분야와 자신의 장점은 어떻게 다를까?

자신 있는 분야는 사회인으로서의 자신의 매력이다. 반대로 자신의 장점은 **'인간으로서의 자신의 매력'**이라고 할 수 있다.

회사 밖의 모임은 비교적 편안한 분위기인 경우가 많으므로 인간으로서의 자신의 매력을 어필할 절호의 기회이다.

나는 자기소개할 때 다음과 같이 자신의 장점을 드러냈다.

○ "저는 어릴 때부터 피아노와 트롬본을 배웠습니다. 덕분에 손재주
가 좋아졌고 타자 속도도 자연스레 빨라졌습니다."

앞서 소개한 사례와 마찬가지로 '어릴 때부터 피아노와 트롬
본을 배웠다'라고만 소개해도 나쁘지 않다. 하지만 나는 업무에
필요한 도구인 '컴퓨터'를 언급함으로써 자신의 존재 가치를 높
이고자 했다.

나의 자기소개를 들은 사람이 '손재주가 좋고 컴퓨터도 잘하
는군. 이 사람은 일도 요령껏 잘하겠는데?'라고 생각해주었으면
하는 바람이었다.

이처럼 노골적으로 드러내기보다 **자연스럽게 '일 잘하는 사람'이**
라는 이미지를 심어주어야 한다.

자기소개할 때는 내용은 물론이거니와 태도, 특히 **'눈을 보며**
이야기하는 태도'가 중요하다. 어렵게 느껴지겠지만 자신 있는 인
상을 주고 싶다면 잊지 말아야 한다.

말할 때 이리저리 시선을 움직이면 산만한 인상을 준다. 눈을 보면서 말해야 상대방도 진지하게 경청한다.

자기소개는 돈 잘 버는 사람이 되기 위한 첫걸음이다. 평이한 자기소개보다는 개성 있는 **자기소개로 자신의 존재 이유를 당당히 어필**하기 바란다.

5장

업무 성과가 달라지는
잡담의 비밀

;

잡담으로 상대방이
말하기 편한
분위기를 만들어라.

돈 잘 버는 사람은
잡담으로 돈을 번다

돈 잘 버는 사람은
'돈 되는 잡담'과 '그냥 잡담'을 구분한다

돈 되는 잡담이란 무엇일까?

돈 잘 버는 사람은 잡담도 중요하게 생각한다. 폭넓은 관심사를 어필할 절호의 기회이기 때문이다.

일에 관한 정보뿐만 아니라 사생활에서도 유용한 정보를 많이 알고 있다는 것은 자신만의 강점이 된다. 특히 '돈 되는 대화 소재'를 얼마나 알고 있느냐가 중요하다.

하지만 잡담이라고 해서 그냥 아무 말이나 해도 좋다는 뜻은 아니다.

스포츠, 음악, 영화 등에 관한 이야기는 '개인의 취미 영역'에 속한다는 단점이 있다. 상대방에게 관련 지식이 없으면 대화가 통하지 않는다. 예컨대 요즘 아무리 인기 있는 구단이라 해도 상대방이 프로 야구에 관심이 없다면, 오히려 잘못하면 불쾌감을 줄 우려도 있다.

또 취미와 관련된 주제는 대화할 장소가 한정된다. 음식점이나 전철이면 몰라도 사무실에서 취미와 관련된 이야기를 하는 것을 꺼리는 사람도 있다.

즉 취미와 관련된 화제는 돈 되는 잡담에 맞지 않는다.

그렇다면 어떤 대화 소재가 잡담에 유용할까?

바로 다음 3가지이다.

① 운동

② 책

③ 맛집

왜 이 3가지가 돈 되는 이야깃거리일까?

일 잘하는 사람이라면 누구나 이 3가지 정보에 관심이 있기 때문이다.

능력 있는 사람이라면 자기 관리에 신경 쓰기 마련이다. 그러므로 건강이나 운동에 관한 주제에 관심이 많고, 유용한 정보를 가지고 있을 가능성도 크다.

또한 능력 있는 사람은 신체 건강뿐만 아니라 마음 건강에도 신경을 쓰기 때문에 책을 많이 읽는다. 만약 읽지 않는다고 해도 책이나 새로운 정보에 관해 더 알고 싶어 하는 경향이 있다. 그러므로 잡담에서 **책에 관한 화제를 꺼내면 능력 있는 사람일수록 관심을 보인다.**

맛집에 관련된 주제 역시 잘 통하는 대화 소재이다. 능력 있고 돈 잘 버는 사람은 신체 건강과 마음 건강을 위해서 질 좋고 맛있는 식사에 투자한다. 그러므로 맛집에 관한 주제를 꺼내면 반응이 좋다. 좋은 정보를 알려주면 몹시 기뻐하고, 반대로 좋은 정보도 기꺼이 알려주려고 한다.

돈 되는 잡담과 그냥 잡담의 차이를 알아봤다. 지금부터는 돈되는 잡담에 관해 자세히 살펴보자.

돈 되는 잡담, 운동과 비즈니스의 공통점을 활용하라

비즈니스 현장에서 설득력은 가슴팍 두께에 비례한다.

이 말은 딜로이트 투쉬 토마츠 재직 시절, 내가 존경하던 W 선배의 입버릇이었다.

W 선배에게 처음 이 말을 들었을 때는 전혀 이해가 되지 않았다. 그 의미를 깨달은 것은 내가 트레이너의 코치를 받으면서 근력 운동을 시작했을 때였다.

운동과 비즈니스는 의외로 공통분모가 많다. 그래서 운동에 관한 이야기가 돈 버는 대화의 소재가 되는 것이다.

비즈니스는 운동과 마찬가지로 먼저 목표를 설정한다. 예를 들어 비즈니스라면 '월매출 1억 원 돌파', 운동이라면 '복근 만들기'처럼 말이다.

목표의 종류는 다르지만 한 번 목표를 세우면, 목표를 완수할 때까지 꼼꼼히 계획을 세우고 엄격하게 자신을 통제해야 한다. 그런 점에서 비즈니스와 운동은 비슷하다.

실제로 운동을 지속하는 일은 쉽지 않다. 그러나 꾸준히 하다 보면 노력은 배신하지 않는다는 말처럼, 성과가 눈에 띄게 나타난다.

이와 같은 경험은 업무에도 응용할 수 있다. 운동에 관한 이야기는 결국 꾸준히 노력해 목표를 이룬 성공담이므로, '**목표 달성 능력**'에 관한 증명이 되는 것이다.

또 운동은 새로운 목표를 세우고 달성하는 과정의 연속이다.

근력 운동으로 예를 들어보자.

30kg의 바벨에 익숙해지면 다음 목표를 세워서 조금 더 무게를 높인다. 그렇게 점점 단계를 밟아 나간다. 일도 마찬가지다. 끊임없이 과제와 목표를 세우고 달성하면서 능력치를 높인다. 운동에 관한 이야기는 '**커리어 쌓기**'와도 통하는 데가 있다.

비즈니스와 운동에는 공통분모가 많다. 그러므로 운동은 쓸 만한 이야깃거리가 된다. 상대방이 운동하지 않는 사람이라 해도 분위기를 띄우기에는 충분하다.

돈 되는 잡담,
상대방과의 공통점을 찾아라

일 잘하는 사람은 왜 운동을 할까?

예전에 이런 비슷한 제목의 책을 읽은 적이 있다. 정말 그 제목대로 비즈니스와 운동에는 공통분모가 많다. 또 운동하는 사람은 일 잘하는 사람이라고도 할 수 있다. 운동으로 가슴을 탄탄하게 가꾼 사람은 정장이 잘 어울린다. 당당하고 자신감 넘쳐 보인다. 상대방에게 당당하고 자신감 있는 인상을 주어서 손해 볼 일은 없다.

운동에 관련된 주제는 비즈니스 토크에서 활용하기 좋다.

사람은 겉모습이 90%라고들 하지만, 일반적으로 겉모습에 관한 주제는 섣불리 꺼내기 어렵다. 외모, 머리 모양, 표정, 옷차림 등 상대방의 겉모습이 아무리 훌륭해도 자칫하면 예의에 어긋

돈 잘 버는 사람의 수첩!

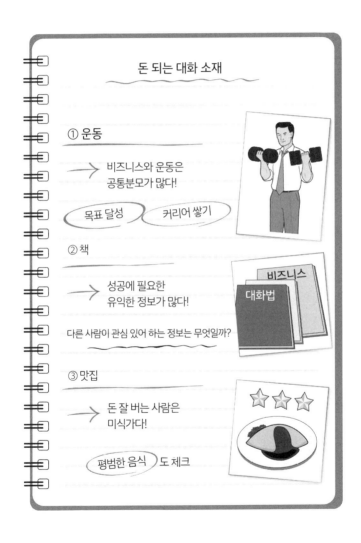

돈 되는 대화 소재

① 운동

→ 비즈니스와 운동은
공통분모가 많다!

목표 달성   커리어 쌓기

② 책

→ 성공에 필요한
유익한 정보가 많다!

다른 사람이 관심 있어 하는 정보는 무엇일까?

③ 맛집

→ 돈 잘 버는 사람은
미식가다!

평범한 음식 도 체크

날 수 있기 때문이다.

실제로 아무리 잘생긴 사람을 만나도 외모를 칭찬하기란 쉽지 않다. 상대방의 멋진 넥타이가 눈에 들어와도 어쩐지 말을 꺼내기 어색하다. 하지만 운동에 관한 주제는 예외다. **말하기가 편한 데다 금세 편안한 분위기를 만들 수 있다.**

처음 만난 상대가 정장으로 가려지지 않을 만큼 탄탄한 몸을 하고 있다면 다음과 같이 가벼운 질문을 던질 수 있다.

"몸이 정말 좋으시네요! 특별히 하시는 운동이 있나요?"

나의 질문에 상대방이 "학생 때는 축구를 했고 지금은 헬스장에 다닙니다"라고 대답했다고 하자. 그러면 그다음은 식은 죽 먹기다.

- ○ "어! 저도 예전에 축구를 했었습니다!"
- ○ "어! 저도 요즘 헬스장에 다닙니다!"

이런 식으로 상대방과 자신의 공통점을 찾아서 대화 주제로 삼으면 된다.

처음 만난 상대방과의 공통점을 찾으면 대화도 잘되고 금세 심리적인 거리를 좁힐 수 있다.

나의 경험상 운동은 좋은 대화 소재가 될 확률이 높다.

좋은 체격, 가슴이나 배에 잡힌 근육, 구릿빛 피부 등 처음 만난 상대에게서 '운동하는 사람'의 특징을 보았다면, 먼저 이야기를 꺼내보자.

,

책은 대화의 소재이고,
나를 어필하는 도구이며,
강력한 무기다.

돈 잘 버는 사람은
책으로도 돈을 번다

출근길에 책 읽는 사람이 적을수록,
책은 나의 무기가 된다

책은 '무기'가 된다.

지금 여러분이 읽고 있는 이 책도 예외는 아니다. 경제경영서나 자기계발서에는 일과 인생에 도움이 되는 유익한 정보가 정리되어 있다. 그래서 나 역시 틈날 때마다 책을 읽는다.

출근길에 책 읽는 사람이 얼마나 있을까?

요즘은 대부분 스마트폰만 들여다보고 있다. 물론 스마트폰으로 메일을 확인하거나 경제 뉴스 등을 살피는 일도 중요하지만, 그 정도 작은 정보를 습득하는 일은 자투리 시간이니 다른 일을 하면서 겸사겸사해도 충분하다.

통근시간은 의외로 길다. 적게는 30분, 많게는 1시간 넘게 걸리므로 **책처럼 정리된 정보를 읽기에 알맞다**. 게다가 바쁜 직장인이 통근시간 이외에 30분에서 1시간 정도 독서 할 시간을 갖기란 쉽지 않다. 통근시간이야말로 책에서 정보를 습득할 가장 좋은 시간이다.

또 요즘은 출근길에 책 읽는 사람이 거의 없다. 책 읽는 사람이 적은 때일수록 남들보다 **강력한 무기를 손에 넣을 좋은 기회이다**.

책에서 다른 사람이 좋아할 만한 화제를 찾아라

나는 한 달에 20권 이상의 책을 읽고 있다.

한 달에 20권 이상 책을 읽는다고 하면 독서가라며 감탄하는 사람도 있지만, 그렇다고 특별히 책을 좋아하는 것은 아니다. 대부분 경제경영서나 자기계발서뿐이고 소설이나 수필은 거의 읽지 않는다. 책이 좋아서 읽는다기보다 돈 되는 대화 소재를 얻기 위해 책을 읽는다.

돈 되는 대화 소재를 구분하는 한 가지 요령이 있다.

돈 되는 대화 소재란 인생과 일의 무기가 되는 정보, 즉 내가 이야기했을 때 다른 사람이 기뻐하는 정보이다. 그러므로 '다른 **사람이 들었을 때 좋아할 만한 정보인가 아닌가'라는 시점으로 책을 읽으면 좋다.**

로버트 기요사키의 『부자 아빠 가난한 아빠』라는 책이 있다. 이 책은 전 세계에서 1,000만 부 이상 팔린 베스트셀러이다. 배울 점이 많은 책이라 한마디로 설명할 수 없다. 설명하려면 적어도 30분 이상이 필요하다. 하지만 안타깝게도 그렇게 하는 것은 돈 되는 대화 소재가 아니다.

'다른 사람이 들었을 때 좋아할 만한 정보인가 아닌가'라는 시점에서 『부자 아빠 가난한 아빠』를 읽어야 한다. 그러면 인상적인 구절이 많이 눈에 띈다. 특히 내가 인상 깊게 읽은 문장을 소개하겠다.

"사업가는 3종류의 사람을 사로잡아야 한다."

비즈니스 현장에서 이야기의 운을 떼는 데 이만큼 좋은 문장
이 있을까?

꼭 사업가가 아니더라도 비즈니스에 관심 있는 사람이라면 이
3종류의 사람이 누구인지 궁금해질 것이다. 게다가 '3종류의
사람'에는 나름의 이유가 있어서, 나의 경험상 이 문장으로 이야
기를 시작하면 금세 대화가 무르익었다.

앞서 소개한 문장은 이렇게 이어진다.

"그것은 투자자, 종업원 그리고 고객이다."

나에게는 이 문장이야말로 인생과 일의 무기가 되는 대화 소
재이다.

'3종류의 사람' 중에서 첫 번째 '투자자'와 마지막 '고객'은 누
구나 당연하게 생각할 것이다. 하지만 두 번째 '종업원'은 빠트

리기 쉽다. 왜 그럴까? 결국 회사가 이익을 창출하려면 종업원의 활약이 무엇보다 중요하다. 종업원이 회사를 위해 활약하기 위해서는, 사업가가 회사의 계획, 목표, 이념 따위를 종업원에게 '팔아야' 하는 것이다.

이런 식으로 '다른 사람이 들었을 때 좋아할 만한 정보인가 아닌가'라는 시점으로 책을 읽으면, 반드시 돈 되는 대화 소재를 찾을 수 있다.

책 추천으로 자연스럽게
상대방과의 대화를 이어가라

일 잘하고 능력 있는 사람일수록 책을 많이 읽는다.

업무와 관련된 주제에 관심이 많으므로 자연스레 책을 가까이한다. 무기가 되는 책도 그만큼 많이 알고 있다.

책에 관한 이야기는 내가 먼저 말해도 좋지만, 상대방에게 들어도 좋다. 인생과 일의 무기가 되는 책을 상대방에게 알려달라고 하는 것이다.

'누구든지 자기 일은 자신이 가장 잘 안다'라는 말이 있다. '그 분야의 전문가'라면 '그 분야의 전문서'도 기꺼이 알려준다.

예를 들어 업계 모임에서 마케팅 관계자와 명함을 교환했다고 상상해보자.

돈 못 버는 사람일수록 어정쩡한 지식으로 대화를 이어나가려고 한다. 그래서는 대화가 무르익을 리 없다. 이런 때야말로 무기가 되는 책을 알려달라고 할 절호의 기회이다.

다음과 같이 질문했을 때 마케팅의 프로라면 기꺼이 알려줄 것이다.

○ "마케팅 관련 도서 중에서 업종과 상관없이 도움이 될 만한 책을 알려주실 수 있나요?"

알려달라는 말을 들으면 의욕적인 사람이라는 인상을 준다. 게다가 상대방은 마케팅의 프로이니 대답하기 쉬우면서도 즐겁게 대화할 수 있다. 이런 의미에서도 책과 관련된 이야기는 잡담의 소재로 삼기 좋다.

마케팅이라고 해도 시장조사부터 시작해 광고, 전략, 수법 등

범위가 넓다. 그러므로 상대방은 내가 마케팅의 어떤 부분을 알고 있고, 무엇을 알고 싶어 하는지 대화를 시도하게 된다.

자신 있는 분야의 이야기이므로 상대방도 기분 좋게 이야기를 이어나간다. 또한 나도 마케팅에 대해서 기분 좋게 배울 수 있는 기회이다.

추천받은 책을
상대방이 보는 앞에서 바로 사라

상대방과 신뢰를 쌓는 데 효과적인 '돈 잘 버는 사람의 매너'를 소개하겠다.

상대방이 추천 도서를 알려주었을 때 '그 자리에서 스마트폰으로 구매'하는 것이다. 인상적인 행동이므로 나를 보는 상대방의 시선이 단숨에 바뀐다.

나 역시 책을 추천받으면 그 자리에서 스마트폰으로 구매한다. 그런 나를 보고 대부분 이렇게 놀란다.

○ "열정이 대단하시네요!"

○ "행동력이 좋으시네요!"

추천받은 책을 "내일 사겠습니다"라고 말해도 입바른 말처럼 들릴 뿐이다. 자신의 존재가 상대방의 기억에 남을 일도 없다. 하지만 추천한 책을 보는 앞에서 사면 배우려고 하는 진심이 상대방에게 전해진다.

같은 돈을 내고 같은 책을 산다면, 이득이 큰 쪽을 골라야 한다. 양질의 정보가 담긴 책을 추천받고 상대방의 신뢰까지 얻게 되니 그야말로 '일석이조 구매법'인 것이다.

구매하고 나면 대화 상대와의 거리도 가까워지고 대화도 한층 무르익는다. 책을 사기까지 했으니 상대방도 그 책에 대해 더 자세히 알려준다.

돈 잘 버는 사람은 책을 주제로 상대방과 기분 좋게 이야기하는 기술도 연마한다.

돈 잘 버는 사람은
왜 맛집에 관심이 많을까?

돈 잘 버는 대화법,
맛집을 아는 것도 기술이다

돈 잘 버는 사람은 누구나 미식가이다.

이 사실은 인생의 진리라고 해도 과언이 아니다.

금전적인 여유가 없으면 맛을 따지는 일에 소홀해지기 마련이다. 현실적으로 수입과 식비는 어느 정도 비례한다.

저명한 식당 가이드인 미쉐린 가이드(The Michelin Guide)에 선정된 가게에 가면 비일상적인 경험을 할 수 있다. 그러한 경험이 일에 대한 의욕 향상으로 이어진다. 돈 잘 버는 사람이 미식을 추구하는 이유이기도 하다. 맛있는 음식이 의욕을 높여주고 더 많은 돈을 벌어들이는 선순환을 가져오기 때문이다. 그래서 **돈 잘 버는 사람은 맛집에 관한 정보를 적극적으로 듣고 싶어 하며 또 좋아한다.**

또한 미쉐린 가이드에 실릴 만한 고급 식당에 관한 정보뿐만 아니라 평범한 서민 음식에 관한 정보도 수집해두면 좋다. 돈 잘 버는 사람 역시 맛집에 관한 정보를 잡담의 소재로 생각하기 때문이다. 아무리 맛있는 가게라도 **상대방에게 도움이 되지 않으면 의미가 없다.**

거래처 담당자와 이야기를 나누다가 일본식 라면을 좋아한다는 말을 들었다고 상상해보자.

"요즘 일본식 라면에 빠졌는데, 고등학생 아들도 좋아해서 같이 다니다 보니 부자간의 거리가 많이 가까워졌어요. 특히 기다리는 시간에 대화할 수 있어서 좋습니다."

맛집에 관한 정보를 미리 많이 알아두면, 다음과 같이 추천할 수 있다.

"그러시군요! 저도 유명한 가게를 몇 군데 아는데 이번에 새로 생긴 ○○가 음식 맛도 좋고 내부도 세련돼서 아드님이 좋아하실 것 같습니다."

그야말로 맛집 정보가 돈 되는 정보로 바뀌는 순간이다.

자연스럽게 맛집을 추천하면 대화도 한층 무르익는다. 실제로 거래처 담당자의 아들이 좋아했다면 여러분에 대한 상대방의 평가 역시 높아질 것이다.

3번의 회식은
3개월치 정보에 해당한다

거듭 강조하지만, 맛있고 좋은 가게에 관한 정보를 가지고 있는 것도 훌륭한 능력이다.

이런저런 회식할 일이 많은 직장인에게 '좋은 가게를 알고 있는 사람'은 귀중한 자원이다.

앞서 나에게 일본식 라면집을 추천받았던 거래처 담당자가 송별회를 할 만한 좋은 가게를 추천해달라고 나중에 물어볼 수도 있다. 맛집 정보를 공유하다 보면 거래처와 관계가 돈독해지는 것은 물론, 거래처와 회식할 기회가 많아진다. 이는 더없이 좋은 기회이다. 거래처와 일을 통해서 신뢰 관계를 형성하려면, 내 경험에 비추어 봤을 때 보통 3개월이 걸린다. 하지만 회식이라면 3번 정도로 충분하다.

참고로 거래처와의 **거리를 좁히기 위한 가장 좋은 대화 소재는 상대방의 성공담이다.**

말하는 이도 즐겁고 듣는 나도 공부가 된다. 또 성공담을 듣다 보면 상대방이 일에서 무엇을 중요하게 생각하는지 자연스럽게 알게 된다.

신뢰 관계뿐만 아니라 이후 거래처와의 비즈니스에도 유용한 정보이다.

왜 맛집 정보를 모을수록
능력이 높아지는가?

'맛집을 잘 아는 사람'은 실제로 일도 잘하고 돈도 잘 버는 사람이 많다.

어찌 보면 당연하다. 맛집에 관한 정보를 모으려면 호기심은 물론 정보 수집력과 행동력이 필요하기 때문이다.

맛집을 잘 아는 사람의 특징은 또 있다. 바로 여유 있게 일한다는 점이다.

어느 시대이건 여유 있는 사람이 성공하는 법이다. 맛있는 음식을 즐길 틈도 없이 일에만 집중하면 일정 수준의 성과는 낼 수 있다. 하지만 언젠가는 한계가 오기 마련이다. 그 이유는 아마도 인간적인 매력이 떨어져서라고 생각한다. 여유가 없으면 사람이 따르지 않는 것이다.

나 역시 맛집에 관한 정보를 찾는 데 힘쓰고 있다.

맛집 사이트는 물론 미쉐린 가이드와 같은 정보도 훑어본다. 평가가 높은 가게, 가보고 싶은 가게는 가능한 한 실제로 방문해본다. 직접 경험해보지 않은 곳을 다른 사람에게 추천할 수는 없기 때문이다.

음식에 관한 주제도 유용한 대화 소재이다. 나는 근력 운동을 하면서 음식과 건강에 관한 지식을 손에 넣었다. **돈 잘 버는 사람 치고 건강에 소홀한 사람은 없다.** 음식과 건강에 관한 이야기는 상대방의 홍미를 끄는 주제이다.

그러므로 최근 주목받는 건강법, 음식 재료에 관해 미리 알아두면 좋다. 예를 들어 탄수화물을 제한하는 당질 제한 다이어트가 꾸준한 인기다. 하지만 탄수화물이 모두 나쁜가 하면 그렇게 간단한 이야기도 아니다. 같은 탄수화물이라도 파스타, 피자, 라면과 같은 밀가루보다 현미, 잡곡류를 섭취하는 편이 낫다는 정도의 지식은 알아두어야 한다.

돈 잘 버는 사람은
목소리도 웃는다

눈과 목소리까지 웃어야
진짜 웃는 얼굴이다

돈 잘 버는 사람, 능력 있는 사람은 '인사'를 잘한다.

인사법은 비즈니스의 중요한 기술이니 당연한 이야기일지도
모른다.

흔히 웃는 얼굴이 인사의 기본이라고 생각하는데, 인사에는

'웃는 얼굴'뿐만 아니라 '웃는 목소리'도 필요하다. 그렇게 인사하면 인사를 받은 쪽도 자연스레 기분이 밝아진다.

웃는 얼굴로 인사하는 사람은 많지만, 목소리까지 웃는 사람은 드물다. 애써 웃는 얼굴로 인사해도 목소리가 웃지 않으면 인상에 남지 않는다.

내가 딜로이트 투쉬 토마츠에 다닐 때, 일 잘하기로 소문난 2년 선배가 있었다. 앞에서도 등장한 W 선배이다.

'웃는 얼굴 + 웃는 목소리로 인사'하는 법을 나는 W 선배에게 배웠다.

W 선배는 매일 아침 씩씩한 목소리로 "좋은 아침입니다!"라고 인사하면서 사무실에 들어왔다. 밝은 목소리에 이끌려 고개를 들면 W 선배의 밝게 웃는 얼굴이 보였다. 나도 따라서 씩씩한 목소리로 "좋은 아침입니다!"라고 인사하곤 했다.

아침 인사 때뿐만 아니라 일할 때도 기운이 넘쳤다.

입사 1년 차였던 나는 일을 배우느라 정신이 없었고, 그날 해야 할 일을 감당하기에도 벅찬 나날을 보냈다. 당연히 밝게 웃을 여유가 있을 리 없었다. 그런데도 W 선배가 웃는 얼굴과 웃는 목소리로 인사하면 덩달아 기분이 밝아졌다. 그 인사 덕분에

W 선배는 후배들의 존경을 한몸에 받았고, 상사의 신임도 두터웠다.

그도 그럴 것이 온종일 죽상을 지으며 컴퓨터를 노려보는 직원과 웃으며 일하는 직원이 있다면, 누구라도 웃는 직원에게 일을 맡길 것이다. W 선배는 날고 긴다는 동기들을 제치고 누구보다도 앞서 나갔다.

그러던 어느 날 W 선배에게 '에너지의 비결'이 무엇인지 물어보았다.

"항상 기운 넘치고 신나 보이시는데, 즐겁게 일하는 비결이라도 있으세요?"

그렇게 묻자 조금 뜻밖의 대답이 돌아왔다.

"일이 즐거워서 웃는 게 아니야. 웃다 보니까 일도 같이 즐거워지는 거지."

그야말로 역전의 발상이었다.

그로부터 몇 년 후, 미국의 철학자이자 심리학자인 윌리엄 제임스(William James)의 명언을 알게 되었다.

"사람은 행복해서 웃는 게 아니라 웃기 때문에 행복한 것이다."

W 선배의 업무 철학은 학문의 세계와도 통하는 데가 있었다.

1옥타브 올린 목소리로
있는 곳의 분위기를 바꿔라

'웃는 얼굴＋웃는 목소리'는 나뿐만이 아니라 주변 사람에게도 좋은 영향을 준다.

나 역시 W 선배의 밝은 인사와 격려에 많은 힘을 얻었다.

방대한 서류를 다루는 회계 업무의 특성상, 눈 깜짝할 사이에 상자 3개분의 서류가 쌓인다. 서류는 기밀 사항이고 내부 정보 등도 포함되므로 엄중히 보관한다. 그리고 필요할 때마다 그 상자를 회의실이나 보관장소에 옮기는데, 그 일이 우리에게는 꽤

중노동이었다. 그래서 나도 모르게 "무겁다", "힘들다" 같은 불만이 새어 나왔다.

그럴 때마다 W 선배가 웃는 얼굴과 웃는 목소리로 우리들을 격려해주었다.

○ "자! 기운 내자!", "그럼 시작해볼까!"

W 선배의 격려에 힘입어 덩달아 의욕이 생겨 힘을 낼 수 있었다. 실제로 어떻게 말하느냐에 따라 의욕과 작업 능률이 전혀 달랐다.

× "너무 무거워……." "어휴 힘들어……."
○ "자! 기운 내자!" "그럼 시작해볼까!"

작업을 마쳤을 때도 마찬가지다.

× "으아, 힘들었다."
○ "좋아! 끝!"

어떤 말로 일을 마무리하느냐는 다음 업무에도 영향을 미친다. '웃는 얼굴+웃는 목소리'는 '긍정적인 태도+업무 능률'을 가져다주는 마법이다.

나는 W 선배와 개인적으로 친분을 쌓아 함께 술자리도 가졌다. 하지만 신기하게도 사석에서의 W 선배는 의외로 평범했다. 표정은 차분했고 목소리 톤도 낮았다. 퇴근 시간이 가까워질수록 생기가 돌아오는 직장인들과는 정반대였다.

그때 업무 모드로 전환하는 비결이 있는지 물어보았다. 그러자 이런 대답이 돌아왔다.

"회사에서는 의식해서 목소리를 한 옥타브 올리고 있어. 그러면 저절로 의욕이 높아져."

즉 목소리가 업무 모드의 온·오프 스위치였다.
돈을 버니까 웃는 게 아니라 **웃으니까 돈이 벌린다.**
W 선배가 남들보다 앞서 나간 데에는 다 이유가 있었다.

돈 잘 버는 사람은
일부러 실패담을 풀어 놓는다

실패는 '성공의 밑거름'이라는
스토리를 짜라

건달은 무용담으로 일한다.

예전에 그런 이야기를 들은 적이 있다. 건달의 힘이란 본인이 과시하지 않아도 과거의 실적이 말해준다는 뜻이 아닐까? 어떤 상황인지 나름대로 상상해보았다.

한 남자가 술집에 들어온다. 안에 있던 취객들은 남자가 뿜어내는 기운에 위압감을 느낀다. 슬금슬금 시선을 올리자 그의 왼쪽 뺨에 깊은 흉터가 보인다. 그 흉터가 하나의 무용담처럼 느껴져 취객들은 두려워지기 시작한다.

'저 상처는 어떤 사건의 훈장인가? 이 사람은 혹시 야쿠자 계의 전설이 아닐까?'

점점 상상을 부풀리다 멋대로 상대방이 그쪽 세계의 전설이라고 생각하는 것이다.

누가 묻지 않아도 자신의 무용담을 늘어놓는 사람이 많다. 하지만 크게 와닿지는 않는다.

"그때 부장님한테 밀고 나가야 한다고 말한 사람이 나라니까!"
"그때 내가 그 안건을 맡지 않았으면, 지금 우리 부서도 없었어!"

회식 때마다 귀에 딱지가 앉도록 무용담을 늘어놓는 상사가 한 명쯤 꼭 있다. 그런데 왜 그런 상사의 무용담을 들어도 감흥이 없을까?

자기 입으로 무용담을 이야기하면 효과가 없다. 인상적이기는커녕 듣고 있으면 불쾌감마저 든다. 무용담이란 상대방의 상상이 더해져야 비로소 전설이 되는 법이다. 아무도 묻지 않았는데 스스로 이야기하면 자기 자랑이 될 뿐이다.

안타깝게도 상사는 그 사실을 모른다. 돈 잘 버는 상사는 그 사실을 알기 때문에 결코 자기 입으로 무용담을 이야기하지 않는다.

그렇다면 돈 잘 버는 상사는 어떤 이야기를 할까?

돈 잘 버는 상사는 무용담이 아니라 실패담을 이야기한다. **실패담, 즉 나쁜 경험이란 더없이 좋은 소재이다.** 물론 실패담을 나쁜 경험으로만 이야기하면 그저 안타까운 사람이 될 뿐이다. 돈 잘 버는 사람은 나쁜 경험을 좋은 경험으로 승화시킨다. 실패에서 무엇을 배웠는가를 이야기하면, 듣는 이는 그 사람의 넓은 도량에 매력을 느낀다.

부정적인 경험이었지만 어떻게 긍정적으로 받아들였는가를 소재로 이야기를 하자. 그러면 상대방은 상황을 받아들이는 사고방식의 차이에 강한 인상을 받고 그 사람에게 끌리게 된다.

과거의 실패가 성공의 밑거름이 되는 것이다.

'실패한 만큼 강해졌다'라는 말의
인상적인 설득력

나쁜 경험을 좋은 경험으로 승화시킨다.

그 사고방식의 차이가 듣는 이에게 강한 인상을 남긴다는 사실을 나는 딜로이트 투쉬 토마츠의 W 선배에게 배웠다.

내가 입사했을 무렵, W 선배는 신입사원인 나와 동기들에게 입사 초기의 본인 실패담만 들려주었다. 귀에 딱지가 앉도록 무용담을 늘어놓던 상사와는 정반대였다.

누구에게나 인정받던 W 선배가 왜 계속 본인의 실패담만 이야기했을까?

첫 번째 이유는 신입사원들의 긴장을 풀어주기 위해서이고, 두 번째 이유는 '실패를 두려워하지 말라'는 메시지를 전하고 싶어서라고 생각한다.

W 선배가 능력 있는 사람인 것은 누구나 인정하는 사실이었다. 실제로 회사에서 가장 촉망받는 인재였던 선배의 실패담은 그만큼 인상적이고 신선했다. 그 당시 "W 선배도 실패한 적이 있구나!" 하고 놀랐던 기억이 있다.

눈앞에 있는 W 선배와 신입사원 시절의 W 선배의 차이가 놀라우면서도 묘하게 마음이 놓였다. W 선배도 신입 시절에는 실수투성이였으니 우리가 실패하는 것은 어쩌면 당연한 일이라 생각했다.

"실패를 경험한 만큼 정신력이 강해졌어."

웃으며 말하는 W 선배를 보면서 선배가 얼마나 도량이 넓은 사람인지 실감했다.

부정적인 경험은 언젠가 도움이 된다.

W 선배가 들려준 실패담을 통해 자연스레 그런 생각이 자리 잡았다. 덕분에 나는 신입사원 시절부터 위축되지 않고 편안하게 일할 수 있게 되었다.

돈 잘 버는 사람은
자신의 실패에서 이야깃거리를 찾는다

부정적인 경험은 언젠가 도움이 된다.

당연한 이야기지만 이러한 생각이 내 인생에 큰 변화를 가져왔다. 나쁜 경험이 언젠가 도움이 된다면 **인생은 온통 좋은 경험의 연속**이라고 생각하게 되었다.

내가 입사한 딜로이트 투쉬 토마츠는 엘리트 집단이었다. 일본 최고의 명문 대학인 도쿄대, 교토대 졸업생이 흔했다. 그에 비해 나는 사립대학의 쌍벽인 와세다, 게이오도 아닌 지방 사립대학을 졸업했고 삼수까지 했다.

입사 시점에서 이미 나는 뒤처진 존재였다. 입사하자마자 좌절을 맛보았다.

하지만 이런 좌절이 좋은 쪽으로 작용했다. 소위 엘리트가 아닌 내가 열심히 일하고 성과를 낼수록 의외라는 시선을 받게 된 것이다.

'삼수해서 지방 사립대학을 졸업한 신입사원'이 아니었다면 나의 성과가 크게 눈에 띄지 않았으리라.

인생에서 겪는
부정적인 경험은 돈이 된다

요즘도 '부정적인 경험은 언젠가 도움이 된다'라는 사실을 실감한다.

살면서 겪은 나쁜 경험을 긍정적인 방향으로 바꾼 이야기는 **귀중한 정보**이다.

특히 비슷한 상황에 놓인 사람에게 나쁜 경험을 역이용한 경험이란 돈을 주고서라도 알아내고 싶은 정보이다. 그러므로 정보는 모네타이즈(monetize, 무수익의 서비스에서 수익을 창출하는 것-옮긴이)를 할 수 있다. **부정적인 경험은 의외로 돈이 된다.**

내가 삼수를 한 경험도 마찬가지다. 삼수라는 경험을 좋은 쪽으로 살린 이야기는 지금 대학 입시에 실패한 이들에게 귀중한 정보가 된다.

"삼수하길 잘했다."

나는 이런 이야기를 자주 한다.

실제로 나는 삼수를 통해 정신력을 단련했다. 그뿐만이 아니라 '뒤처져도 어떻게든 된다'라는 사실을 몸소 체험했다. 2번이나 실패했지만 결국 마지막에는 해냈다. 삼수한 덕분에 '뒤처져도 인생은 만회할 수 있다'라고 생각하게 되었다.

뒤처져도 인생은 만회할 수 있다, 직접 겪지 않았다면 할 수 없는 말이다. 한 번도 좌절해본 적 없는 사람이 한두 번쯤 실패해도 괜찮다고 격려한들 설득력이 없다.

나쁜 경험이 도리어 인생의 전환점이 된 이야기는 틀림없이 돈이 된다.

참고도서

『頭のいい説明「すぐできる」コツ』, 鶴野充茂(著), 三笠書房

『頭のいい一言「すぐ言える」コツ』, 鶴野充茂(著), 三笠書房

『TEDトーク 世界最高のプレゼン術』, ジェレミー・ドノバン(著), 中西真雄美(訳), 新潮社

『フリー〈無料〉からお金を生みだす新戦略』, クリス・アンダーソン(著), 小林弘人(監修), 高橋則明(訳), ＮＨＫ出版

『私の営業方法をすべて公開します!』ブライアン・トレーシー(著), 早野依子(訳), ＰＨＰ研究所

『大金持ちをランチに誘え!』, ダン・ケネディ(著), 枝廣淳子(訳), 東洋経済新報社

『ハイパワー・マーケティング』, ジェイ・エイブラハム(著), 金森重樹(監訳), ジャック・メディア

『究極のマーケティングプラン』, ダン・ケネディ (著), 神田昌典(監訳), 齋藤慎子(訳), 東洋経済新報社

『全米No. 1のセールス・ライターが教える 10 倍売る人の文章術』, ジョセフ・シュガーマン(著), 金森重樹(翻訳), ＰＨＰ研究所

『影響力の武器』, 第三版　ロバート・Ｂ・チャルディーニ(著), 社会行動研究会(訳), 誠信書房

『シュガーマンのマーケティング30 の法則』, ジョセフ・シュガーマン(著), 佐藤昌弘(監訳), 石原薫(訳), フォレスト出版

『改訂版 金持ち父さん 貧乏父さん』, ロバート・キヨサキ(著), 白根美保子(訳), 筑摩書房